Utilitarianism

John Stuart Mill

영한대역

공리주의

이정진 역

도서출판
시대가치

역자 서문

이 책은 잘 알려진 고전을 영어 원서로 읽어보고자 하는 분들에게 작은 도움이 되는 것을 목표로 쓰여졌다. 즉, 이 영한대역의 두 관심 주제는 '공리주의'라는 고전과 '영어 원서 읽기'라고 하겠다.

공리주의

잘 알려진 바와 같이 공리주의는 벤담(Jeremy Bentham)이 처음 제시하였고, 그 후 밀(John Stuart Mill)이 이어받아 이 사상을 발전시키고 널리 알리는 데 기여했다. 유명한 문구가 된 "최대 다수의 최대 행복"이라는 원칙은, 사실 쾌락(pleasure)이 궁극적 선(goodness)이라는 고대 에피쿠로스(Epicurus)의 생각에 뿌리를 두고 있다. 인간 행위의 옳고 그름을 판단할 기준이 되는 하나의 포괄적 원칙을 지향한 공리주의는, 개인의 윤리 강령으로서뿐만 아니라 사회 제도, 입법, 공공 정책 등 인간사의 많은 영역에서 명시적 또는 암묵적 영향력을 행사하고 있다. 예를 들어 대표적 사회 과학인 경제학에서 "효용의 극대화"는 거의 모든 경제 이론의 당연한 전제가 되고 있다. 이 밖의 다양한 영역에서 많은 중요한 결정들이, 그 결정의 주체들이 의식하지는 못하더라도, 공리주의적 원칙에 근거해서 이루어진다. 따라서 공리주의에 대한 이해는 사회 전반의 여러 이슈들에 대한 나름의 생각을 정리하기 위해 반드시 필요한 부분이라 생각한다.

이와 함께 공리주의만큼 사람들의 의견이 극명히 구분되는 주제도 드물다. 처음 제시되었던 시대부터 지금까지 공리주의는 많은 사상가들에 의해 집중적인 공격의 대상이 되어 왔다. 대표적인 사람이 니체(Friedrich Nietzsche)로서 혐오에 가까운 비판을 공리주의 그리고 밀에게 가하였다. 인간의 한계를 극복하는 초인(Übermensch)을 이상으로 삼았던 니체로서, 대중의 행복을 도덕의 중요한 부분으로 삼는 공리주의를 어떻게 받아들였을까를 생각하면 당연한 일일지도 모른다. 또한 지금도 많은 사람들이 '공리주의'를 부정적인 의미가 그 말에 이미 담겨 있는 단어로서 사용하는 것을 발견한다. 마치 '편협'하다거나 '천박'하다거나, 또는 원칙이 없이 '편의주의적'

이라는 함의가 있는 것처럼 말이다. 밀이 그의 저술에서 공리주의에 대한 오해나 비판에 대해서 왜 그토록 많은 부분을 할애했는지 이해할 수 있다. 결국 공리주의의 타당성에 대한 판단은 독자들의 몫이다.

사실 어떤 사상을 이해하기 위해서 원전을 읽을 필요는 없다. 요즘 같이 정보가 넘치는 시대에는, 물론 정보의 질을 판단할 분별력이 필요하겠지만, 잘 정리된 글이나 동영상 등을 쉽게 접할 수 있다. 따라서 짧은 시간에 공리주의를 이해하고자 하는, 또는 그래야만 하는 분들에게 이 책은 적당하지 않을 수 있다. 그러나 그 사상의 결과물을 요약해서 이해하는 것을 넘어서서, 사상의 전개 과정을 논리적으로 숙고하거나, 또 명문장가로 알려진 밀의 글 자체를 음미하고자 한다면 *Utilitarianism*이라는 그의 에세이를 직접 읽어보는 것을 권할 만하다.

영어 원서 읽기와 번역의 방식

독서에 있어 책의 내용 못지않게 글 자체의 훌륭함도 중요하다. 밀의 문장은 논리나 분명함에 있어서 좋은 글의 모범이라고 생각하며, 이것이 *Utilitarianism*을 영어 읽기의 교본으로 삼은 기본적인 이유다. 한편 이 에세이의 많은 문장들은 그 당시 대부분의 지적인 글들이 그렇듯이, 관계대명사 구문이나 다른 수식구들(qualifying phrases)을 길게 연결시킨, 소위 만연체로 구성되어 있어 현재의 영어 문장들과는 그 스타일이 많이 다르다. 역자는 이 점이 영문 독해를 연습하는 데 있어서 장점이라고 생각한다. 길고 복잡하게 구성된 문장에 익숙해지면 현대의 비교적 간결한 문장들은 훨씬 수월하게 읽을 수 있기 때문이다. 그리고 현재의 독자의 관점에서 빅토리아 시대(Victorian Age)의 조금은 거창해 보이는 표현들을 읽어보는 즐거움도 있다.

영어 원서를 읽는 방법에 있어서, 어떤 이들은 문장 하나하나에 매달리지 않고 전체의 흐름, 저자의 의도 등을 빨리 파악하는 연습이 중요하다고 말한다. 물론 그렇게 읽는 것이 적절한 경우도 많이 있지만, 그럴 경우 장기적으로 독해 능력은 제자리에 머물기 쉽다고 생각한다. 익숙해질 때까지는 문장의 구조를 파악하고 그 구조가 문법과 괴리가 없는지 자신에게 확인하는 과정이 필요하다. 이런 연습을 꾸준히 하면 한 문장을 왔다갔다 하지 않고 한 방향으로 쭉 읽어도 자연스럽게 끊어서 읽게 된다. 물론 그렇게 되기까지는 상당한 시간과 노력이 필요하고, 역자 자신도 아직 그런 노력의 과정에 있을 뿐이다. 이러한 생각에서 역자는 이 책을 번역함에 있어서 문장이 어떻게 구성되어 있는지 되도록 드러나게 하는 데 초점을 맞추었다. 그래서 가능하면 영문과 우리말이 대응이 되도록 노력하였고, 내용의 흐름상 중요하지 않은 부수적인 영어 표현도 빠짐없이 옮기려 했다. 문장이 관계대명사 구문같이 긴 수식구들로 인해서 읽는 호흡이 너무 길어질 경우에는 괄호나 쉼표를 이용해서 문장 구조를 분명히 하였다.

판본과 기호들, 그리고 추천하는 독서 방법

*Utilitarianism*은 1861년 *Fraser's Magazine*이라는 잡지에 시리즈로 게재되었고, 이들을 묶어 1863년 단행본으로 출간되었다. 이 번역은 1863년의 초판(London: Parker, Son, and Bourn, West Strand)을 근거로 했고, 1879년에 발간된 7판(London: Longmans, Green, and Co.)과 대조하면서 약간의 오류 등을 교정했지만, 되도록 초판을 따랐다. 초판과 7판을 비교했을 때, 7판에는 주석이 하나 더 추가된 것과, '정의'(justice)의 어원에 대한 언급을 초판에 비해서 더 상세히 한 점을 빼고는 거의 동일하다.

문장 구조가 비교적 어렵다고 역자가 주관적으로 판단한 문장의 앞에는 ♠ 표시를 하여 독자들이 참고하도록 했다. 번역 문장에서 괄호 ( )는 원문에 있는 보조적인 수식구를 묶기 위해서 사용되었다. 대괄호 [ ] 안의 내용은 역자가 이해를 돕기 위해서 간단한 설명을 삽입한 것이다. 영어 원문의 문단 전환은 가로줄을 그어 표시하였다.

추천하는 이 책의 독서 방법은, 우선 영문을 직접 읽고 이해가 되면 번역 부분을 읽을 필요가 없을 것이나, 조금 이해가 되지 않거나 의심이 가는 부분은 번역을 참고하면 좋을 것 같다. 그러나 책을 읽는 진도가 너무 늦어질 때에는 영문들은 무작위로 건너뛰면서 글의 흐름을 놓치지 않는 것도 한 방법이다. 건너뛴 부분은 표시했다가 후에 천천히 읽어보면 좋겠다. 어쨌거나 독자들의 개별적 익숙함의 정도에 따라 자기에게 맞는 방법으로 이 책을 읽어보기를 권한다. 중요한 점은 즐겁게 읽는 것이라 생각한다. 공리주의에 따르자면 바로 그것이 작지만 분명한 선(善)을 이루는 것일 테니 말이다.

2019년 2월 서교동에서

이정진

Contents

Chapter I

General Remarks

서 론

♠ There are few circumstances among those which make up the present condition of human knowledge, more unlike what might have been expected, or more significant of the backward state in which speculation on the most important subjects still lingers, than the little progress which has been made in the decision of the controversy respecting the criterion of right and wrong.

인간 지식의 현재 조건을 구성하는 상황 가운데, 선악의 기준에 관한 논쟁에서 별다른 진전이 없다는 사실보다, 더 의외이거나, 가장 중요한 주제에 관한 사유가 더 심각하게 퇴보 상태에 머물러 있는 것은 거의 없다고 하겠다.

From the dawn of philosophy, the question concerning the *summum bonum*, or, what is the same thing, concerning the foundation of morality, has been accounted the main problem in speculative thought, has occupied the most gifted intellects, and divided them into sects and schools, carrying on a vigorous warfare against one another.

철학의 여명기부터, 최고의 선(善)에 관한 질문, 또는 다른 말로 도덕의 기초에 관한 질문은 사유의 주된 문제로 여겨져 왔고, 최고의 지성들을 사로잡아 그들이 여러 집단과 학파로 나뉘어 서로에 대한 치열한 싸움을 벌이도록 했다.

And after more than two thousand years the same discussions continue, philosophers are still ranged under the same contending banners, and neither thinkers nor mankind at large seem nearer to being unanimous on the subject, than when the youth Socrates listened to the old Protagoras, and asserted (if Plato's dialogue be grounded on a real conversation) the theory of utilitarianism against the popular morality of the so-called sophist.

그리하여 2,000년이 넘게 지난 시점에서도 같은 토론이 계속되고 있으며, 철학자들은 그때와 동일한 깃발들 아래 나뉘어 있고, 젊은 소크라테스가 노년의 프로타고라스의 이야기를 듣고 (플라톤의 대화가 실제 사건에 근거한 것이었다면) 그 당시 대세였던 소위 소피스트들의 도덕에 반대하며 공리주의의 이론을 주장했을 때보다, 사상가들이건 일반 대중들이건 모두 이 주제에 대한 일치에 전혀 가까워지지 않은 것처럼 보인다.

♠ It is true that similar confusion and uncertainty, and in some cases similar discordance, exist respecting the first principles of all the sciences, not excepting that which is deemed the most certain of them, mathematics; without much impairing, generally indeed without impairing at all, the trustworthiness of the conclusions of those sciences. An apparent anomaly, the explanation of which is, that the detailed doctrines of a science are not usually deduced from, nor depend for their evidence upon, what are called its first principles.

모든 과학의 첫째 원칙들에 있어서도 이와 유사한 혼란과 불확실성, 그리고 어떤 경우에는 불일치가 존재하지만 (과학 중 가장 확실성에 근거한다고 여겨지는 수학에서조차) 그렇다고 해서 과학의 결론들의 신빙성은 그다지 (사실 일반적으로 전혀) 손상되지는 않는 것이 사실이다. 분명 기이한 사실인데 이는, 특정 과학의 세부 이론들은 보통 그 과학의 첫째 원칙들로부터 도출되는 것도, 또한 그 이론들이 증명되기 위해 첫째 원칙들에 의존해야 하는 것도 아니기 때문이라고 설명될 수 있다.

Were it not so, there would be no science more precarious, or whose conclusions were more insufficiently made out, than algebra; which derives none of its certainty from what are commonly taught to learners as its elements, since these, as laid down by some of its most eminent teachers, are as full of fictions as English law, and of mysteries as theology.

만일 그렇지 않다면 대수학(代數學)처럼 불확실하고 그 결론이 충분치 않게 이해되는 과학도 없을 것이다. 왜냐하면 대수학은 이를 구성하는 기본 요소들이라고 보통 가르쳐지는 것들로부터 그 확실성이 도출되는 것이 아니기 때문인데, 그 분야에서 가장 뛰어난 대가들에 의해서 구축된 그 기본 요소라는 것들이 마치 영국의 법과 같이 허구로 가득하고 신학처럼 신비로 가득하기 때문이다.

♠ The truths which are ultimately accepted as the first principles of a science, are really the last results of metaphysical analysis, practised on the elementary notions with which the science is conversant; and their relation to the science is not that of foundations to an edifice, but of roots to a tree, which may perform their office equally well though they be never dug down to and exposed to light.

특정 과학의 첫째 원칙으로서 궁극적으로 인정되는 진리들은, 사실 그 과학이 다룰 수 있는 기본 개념들에 적용된 형이상학적 분석의 마지막 결과물이다. 그리하여 과학에 있어서의 기본 원칙은 건물의 기초보다는 나무의 뿌리에 비유되는 것이 옳은 바, 뿌리는 파헤쳐져 빛에 노출되지 않더라도 뿌리로서의 역할을 충분히 잘 해내기 때문이다.

But though in science the particular truths precede the general theory, the contrary might be expected to be the case with a practical art, such as morals or legislation. All action is for the sake of some end, and rules of action, it seems natural to suppose, must take their whole character and colour from the end to which they are subservient.

그러나 과학에서 특정한 진리들이 포괄적 일반 이론에 선행한다 하더라도, 도덕이나 입법과 같은 실용적인 기술[art. 여기에서 art는 science의 대비되는 개념으로 사용되었다.]에 있어서는 그 반대의 관계를 기대할 수도 있다. 모든 행위는 어떤 목적을 위해 이루어지고, 그 행위의 규칙들은, 그 규칙들이 수단이 되는 특정 목적들로부터 그들의 성격과 색조가 규정된다고 생각하는 것이 자연스러울 것이다.

When we engage in a pursuit, a clear and precise conception of what we are pursuing would seem to be the first thing we need, instead of the last we are to look forward to. A test of right and wrong must be the means, one would think, of ascertaining what is right or wrong, and not a consequence of having already ascertained it.

우리가 어떤 것을 추구한다고 할 때, 무엇을 추구하는가에 대한 명확하고 정확한 개념이 첫째로 필요한 것이지, 우리가 바라며 기대하게 되는 마지막 것이 아닐 터이다. 선악의 분별을 위한 기준은, 무엇이 옳고 그른가를 확인하는 수단이 되어야지, 옳고 그른가를 이미 확인한 결과가 되어서는 안 된다고 사람들은 생각할 것이다.

♠ The difficulty is not avoided by having recourse to the popular theory of a natural faculty, a sense or instinct, informing us of right and wrong. For—besides that the existence of such a moral instinct is itself one of the matters in dispute—those believers in it who have any pretensions to philosophy, have been obliged to abandon the idea that it discerns what is right or wrong in the particular case in hand, as our other senses discern the sight or sound actually present.

[인간에게 주어진] 자연적 능력인, 우리에게 선과 악을 알게 하는 감각 또는 본능이 있다는 잘 알려진 이론을 적용하여도 이 문제의 어려움이 극복되는 것은 아니다. 그런 도덕적 본능이 존재하느냐는 것 자체가 논쟁의 소지가 있을 뿐만 아니라, 이러한 주장을 믿는 사람들 가운데 철학적 소양이 있다고 자부하는 사람들은, 주어진 특정한 사안에 있어서, 우리의 감각이 실제로 존재하는 이미지나 소리를 구분하듯이, 선과 악을 구분할 수 있다는 생각을 받아들일 수는 없을 것이기 때문이다.

Our moral faculty, according to all those of its interpreters who are entitled to the name of thinkers, supplies us only with the general principles of moral judgments; it is a branch of our reason, not of our sensitive faculty; and must be looked to for the abstract doctrines of morality, not for perception of it in the concrete.

인간의 도덕 능력[moral faculty]을 해석하는 사람들 가운데 사상가라고 불릴 만한 이들에 따르자면, 도덕 능력은 도덕적 판단의 일반적 원칙만을 우리에게 제공한다. 도덕 능력은 이성의 일부이지 감각적 능력의 일부가 아니며, 도덕의 추상적 원칙들을 찾기 위해 의지해야 하는 것이지 구체적 상황에서의 도덕의 [감각적] 인지를 위해서 의지할 수 있는 것이 아니라는 것이다. [faculty는 자연적으로 주어지거나, 학습으로 획득될 수 있는 기능, 능력을 의미한다. 시각, 청각 등은 자연적으로 주어지는 능력이지만, 뒤에 언급되듯이 도덕 능력의 경우 밀은 학습되는 것이라고 생각한다.]

The intuitive, no less than what may be termed the inductive, school of ethics, insists on the necessity of general laws. They both agree that the morality of an individual action is not a question of direct perception, but of the application of a law to an individual case. They recognise also, to a great extent, the same moral laws; but differ as to their evidence, and the source from which they derive their authority.

직관적 윤리 학파는, 귀납적 학파라고 불러도 될 학파 못지않게, 일반 법칙들의 필요성을 고집한다. 하나의 개별적 행위의 도덕성은 직접적인 인식의 문제가 아니며, 하나의 법칙을 개별적 사례에 적용하는 문제라는 점에 두 학파는 동의한다. 또한 그들은 넓은 영역에서 동일한 도덕적 법칙들을 인정하지만, 그 도덕적 법칙들의 증거와 권위의 원천에 대해서는 의견을 달리한다.

According to the one opinion, the principles of morals are evident *à priori*, requiring nothing to command assent, except that the meaning of the terms be understood. According to the other doctrine, right and wrong, as well as truth and falsehood, are questions of observation and experience.

한 쪽[직관적 학파]은, 도덕의 원칙들은 선험적으로 명백하여, 용어들의 의미가 이해되어야 한다는 점을 제외하고는 동의를 요구하기 위해 어떤 것도 필요하지 않다는 의견을 제시한다. 다른 쪽[귀납적 학파]에서는 진실과 허위와 같이, 옳고 그름도 관찰과 경험의 문제라고 주장한다.

But both hold equally that morality must be deduced from principles; and the intuitive school affirm as strongly as the inductive, that there is a science of morals. Yet they seldom attempt to make out a list of the *à priori* principles which are to serve as the premises of the science; still more rarely do they make any effort to reduce those various principles to one first principle, or common ground of obligation.

그러나 양쪽 모두 도덕은 원칙들로부터 도출되어야 한다는 점을 동일하게 주장한다. 그리하여 직관적 학파는 귀납적 학파와 마찬가지로 도덕의 과학이라는 것이 존재한다는 것을 강하게 긍정한다. 그러면서도 그들은 그 과학의 전제 조건들이 되어야 할 선험적 원칙들의 목록을 만드는 작업을 시도하는 경우는 거의 없으며, 여러 원칙들을 하나의 첫째 원칙, 또는 도덕적 의무의 공통 기반으로 축소하려는 시도는 더더욱 찾아보기 어렵다.

They either assume the ordinary precepts of morals as of *à priori* authority, or they lay down as the common groundwork of those maxims, some generality much less obviously authoritative than the maxims themselves, and which has never succeeded in gaining popular acceptance.

그들은[귀납적 학파나 직관적 학파에 속한 이들은] 일반 도덕 수칙들이 선험적 권위를 가지는 것으로 상정하기도 한다. 또는 그들은 그러한 도덕 수칙들의 공통 기반으로서 그 도덕 수칙들 자체보다도 훨씬 덜 명백한 권위밖에 가지지 못하여 대중적인 수용을 얻는 데 결코 성공한 적이 없는 어떤 일반론을 들고 나온다.

Yet to support their pretensions there ought either to be some one fundamental principle or law, at the root of all morality, or if there be several, there should be a determinate order of precedence among them; and the one principle, or the rule for deciding between the various principles when they conflict, ought to be self-evident.

그러나 그들의 과장된 주장을 지지하기 위해서는, 모든 도덕의 뿌리에 어떤 하나의 원칙이나 법칙이 있어야 한다. 또는 그 원칙이 여럿이라면 그 원칙들 사이에 분명한 우선 순위가 존재해야 한다. 그리고 그 하나의 원칙이나, 또는 다양한 원칙들의 상충을 해소할 수 있는 기준은 자명한 것이어야 한다.

♠ To inquire how far the bad effects of this deficiency have been mitigated in practice, or to what extent the moral beliefs of mankind have been vitiated or made uncertain by the absence of any distinct recognition of an ultimate standard, would imply a complete survey and criticism, of past and present ethical doctrine.

이러한 [궁극적 기준의] 결핍의 악영향이 실제에 있어서는 얼마나 많이 완화되어 왔는지, 또는 궁극적인 기준에 관한 분명한 인식의 부재로 말미암아 인간의 도덕적 믿음이 어떤 정도로 훼손되거나 불확실해졌는지를 살펴보기 위해서는, 과거와 현재의 윤리관에 대한 완전한 개관과 비평이 요구될 것이다.

It would, however, be easy to show that whatever steadiness or consistency these moral beliefs have attained, has been mainly due to the tacit influence of a standard not recognised.

그러나, 이러한 도덕적 믿음들이 어떤 안정성이나 일관성을 확보했든지 간에, 그것은 보통 인정되지 않는 어떤 기준의 암묵적 영향에 주로 기인해 왔다는 것을 보여주는 것은 어렵지 않을 것이다.

♠ Although the non-existence of an acknowledged first principle has made ethics not so much a guide as a consecration of men's actual sentiments, still, as men's sentiments, both of favour and of aversion, are greatly influenced by what they suppose to be the effects of things upon their happiness, the principle of utility, or as Bentham latterly called it, the greatest happiness principle, has had a large share in forming the moral doctrines even of those who most scornfully reject its authority.

일반적으로 수긍되는 첫째 원칙의 부재는, 윤리를 하나의 행동지침이라기보다는 사람들의 실제 정서를 신성화하는 도구로 만들어 버렸지만 그럼에도, 선호든 혐오든 인간의 정서는 사물이 자신의 행복에 미치는 효과라고 간주하는 것들에 의해 크게 영향받기 때문에, 효용의 원칙, 또는 근래 벤담이 명명하였듯이 최대 행복의 원칙은, 그 원칙의 권위를 가장 경멸적으로 부인하는 사람들에게조차 그들의 도덕관을 형성하는 데 큰 영향을 미쳤다고 하겠다.

Nor is there any school of thought which refuses to admit that the influence of actions on happiness is a most material and even predominant consideration in many of the details of morals, however unwilling to acknowledge it as the fundamental principle of morality, and the source of moral obligation. I might go much further, and say that to all those *à priori* moralists who deem it necessary to argue at all, utilitarian arguments are indispensable.

아울러, 행위가 행복에 미치는 영향이 도덕의 많은 세부적 문제에 있어 압도적이라고까지 말할 수 있을 정도로 매우 중요한 고려 사항이라는 것을 인정하지 않는 학파는 존재하지 않는다. 이러한 사실은, 그것[행위가 행복에 미치는 영향]을 도덕의 근본적인 원칙으로, 그리고 도덕적 의무의 원천으로 결코 인정하지 않으려는 학파의 경우에도 해당된다. 나는 더 나아가, [이 당연한 사실에 대해서] 논의가 필요하다고 생각하는 선험적 도덕론자들에게도 공리주의적 논리는 필수적이라고 말하고자 한다.

It is not my present purpose to criticise these thinkers; but I cannot help referring, for illustration, to a systematic treatise by one of the most illustrious of them, the *Metaphysics of Ethics*, by Kant. This remarkable man, whose system of thought will long remain one of the landmarks in the history of philosophical speculation, does, in the treatise in question, lay down a universal first principle as the origin and ground of moral obligation; it is this: "So act, that the rule on which thou actest would admit of being adopted as a law by all rational beings."

이러한 사상가들을 비판하는 것이 지금 내 목적은 아니다. 그러나 예시를 위해 그들 가운데 가장 저명한 학자의 하나인 칸트(Kant)가 저작한, '윤리의 형이상학'이라는 조직적 논문을 언급하지 않을 수는 없겠다. 그의 생각의 체계가 철학적 사유의 역사에서 중요한 이정표 중 하나로 남게 될 이 놀라운 철학자는 상기 논문에서, 도덕적 의무의 근원과 토대로서 하나의 보편적 첫째 원칙을 다음과 같이 규정하였다. "그러니, 그대 행동의 근거가 되는 규칙이 모든 이성적 존재에 의해 하나의 법으로 채택되도록 그렇게 행동하라."

♠ But when he begins to deduce from this precept any of the actual duties of morality, he fails, almost grotesquely, to show that there would be any contradiction, any logical (not to say physical) impossibility, in the adoption by all rational beings of the most outrageously immoral rules of conduct. All he shows is that the *consequences* of their universal adoption would be such as no one would choose to incur.

그러나 칸트가 이러한 준칙으로부터 구체적인 도덕적 의무를 연역하기 시작하면, 거의 기괴할 정도로, 모든 이성적 존재들이 말도 안 되는 가장 부도덕한 행동 기준을 채택하더라도, [위의 준칙과] 어떤 모순도 발생하지 않으며, 또한 (물리적으로는 말할 것도 없고) 논리적으로도 불가능하지 않다는 것을 반박할 수 없게 된다. 그가 보여주는 것이라고는, 이러한 부도덕한 행동 기준의 보편적 채택의 결과가 일어나는 것을 아무도 원하지 않을 것이라는 것뿐이다.

On the present occasion, I shall, without further discussion of the other theories, attempt to contribute something towards the understanding and appreciation of the Utilitarian or Happiness theory, and towards such proof as it is susceptible of. It is evident that this cannot be proof in the ordinary and popular meaning of the term.

여기에서는 다른 이론들에 대한 더 이상의 논의는 멈추고, 공리주의 이론 또는 행복 이론을 이해하고 진가를 인식하는 데 도움이 되는, 그리고 그 이론의 (이러한 이론의 증명으로서 가능한 범위 내에서의) 증명에 도움이 되는 무언가를 시도하려 한다. 여기에서의 증명이, 그 용어의 일반적 의미로서의 증명이 될 수 없다는 것은 자명하다.

Questions of ultimate ends are not amenable to direct proof. Whatever can be proved to be good, must be so by being shown to be a means to something admitted to be good without proof. The medical art is proved to be good by its conducing to health; but how is it possible to prove that health is good? The art of music is good, for the reason, among others, that it produces pleasure; but what proof is it possible to give that pleasure is good?

궁극적 목적에 대한 질문은 직접적인 증명이 아예 불가능하다. 어떤 것이 선[善; 옳음, 좋음]이라고 증명될 수 있는 것은, 그것이 증명 없이도 선이라고 받아들여지는 무언가의 수단이 된다는 것을 보여주기 때문에 가능하다. 의학이 선인 것은 그것이 건강을 증진한다는 점으로 증명이 된다. 그러나 건강이 좋은 것이라는 것을 어떻게 증명할 수 있겠는가? 음악은 좋은 것이라는 것은 다른 이유 중에서도 즐거움[pleasure; 쾌락]을 가져오기 때문인데, 즐거움이 좋은 것이라는 것에 대해 어떤 증명이 가능하겠는가?

If, then, it is asserted that there is a comprehensive formula, including all things which are in themselves good, and that whatever else is good, is not so as an end, but as a mean, the formula may be accepted or rejected, but is not a subject of what is commonly understood by proof. We are not, however, to infer that its acceptance or rejection must depend on blind impulse, or arbitrary choice.

그 자체로서 좋은 모든 것들을 포함하는 포괄적인 공식이 있다고 주장된다면, 그리고 그 밖의 좋은 것들은 그 자체가 목적이 아니라 수단이라고 주장된다면, 그 포괄적 공식을 수용하거나 기각하면 되겠지만, 그 공식은 일반적으로 이해되는 의미로서의 증명의 주제는 아니다. 그렇다고 우리는 그것의 수용이나 기각이 맹목적인 충동이나 자의적인 선택에 의한 것일 수밖에 없다고 추론해서는 안 될 것이다.

♠ There is a larger meaning of the word proof, in which this question is as amenable to it as any other of the disputed questions of philosophy. The subject is within the cognisance of the rational faculty; and neither does that faculty deal with it solely in the way of intuition. Considerations may be presented capable of determining the intellect either to give or withhold its assent to the doctrine; and this is equivalent to proof.

다른 철학적 논쟁의 질문에서와 같이, 이 질문[이 책의 주제가 되는 질문]에 대해 적용될 수 있는 '증명'이라는 말의 더 넓은 의미가 존재한다. 그 주제는 이성적 능력의 인식 범위 내에 있으며, 그 이성적 능력은 그것을 직관의 방법을 통해서만 다루지는 않는다. 지성이 이 원칙에 동의하거나 동의하지 않을 것을 결정하게끔 하는 고려 사항들이 제시될 것인데, 이것이 [이러한 주제에 있어서의] 증명에 해당한다고 하겠다.

We shall examine presently of what nature are these considerations; in what manner they apply to the case, and what rational grounds, therefore, can be given for accepting or rejecting the utilitarian formula. But it is a preliminary condition of rational acceptance or rejection, that the formula should be correctly understood.

이하에서 우리는 이러한 고려 사항들의 성격에 대해 살펴보고, 그 고려 사항들이 어떤 방식으로 이 문제에 적용되며, 따라서 어떤 이성적 근거가 공리주의 공식의 수용 여부를 위해 주어질 수 있는지를 살펴보고자 한다. 그러나 그 공식이 올바르게 이해되는 것이 합리적 수용이나 기각의 전제 조건일 것이다.

I believe that the very imperfect notion ordinarily formed of its meaning, is the chief obstacle which impedes its reception; and that could it be cleared, even from only the grosser misconceptions, the question would be greatly simplified, and a large proportion of its difficulties removed.

나는, 그 의미에 대해서 일반적으로 구성되는 아주 불완전한 이해가 공리주의를 받아들이는 데 주된 장애물이며, 공리주의와 관련된 말도 안 되게 잘못된 인식에서만이라도 그 장애물이 제거된다면, 문제는 상당히 단순해질 것이며, 어려움의 큰 부분이 제거될 것으로 믿는다.

Before, therefore, I attempt to enter into the philosophical grounds which can be given for assenting to the utilitarian standard, I shall offer some illustrations of the doctrine itself; with the view of showing more clearly what it is, distinguishing it from what it is not, and disposing of such of the practical objections to it as either originate in, or are closely connected with, mistaken interpretations of its meaning.

따라서 공리주의적 기준의 수용을 위한 철학적 근거를 제시하려는 시도를 하기에 앞서, 공리주의가 이러한 것이라는 점을 분명히 보여 주고, 이를 [공리주의는] 이러한 것이 아니라는 점으로부터 구분하기 위해, 그리고 잘못된 해석에 근거했거나, 잘못된 해석과 밀접하게 관계되어 있는 실제적인 반대 의견을 제거하기 위해, 그 원칙 자체의 몇몇 예시적 사례들을 제시하고자 한다.

Having thus prepared the ground, I shall afterwards endeavour to throw such light as I can upon the question, considered as one of philosophical theory.

이렇게 기초를 준비한 후에, 하나의 철학 이론으로 생각할 수 있는 이 문제에 대해 최선을 다해 조명해 볼 것이다.

Chapter Ⅱ

What Utilitarianism Is

공리주의란 이런 것이다

A passing remark is all that needs be given to the ignorant blunder of supposing that those who stand up for utility as the test of right and wrong, use the term in that restricted and merely colloquial sense in which utility is opposed to pleasure.

효용[utility]이 선과 악의 기준이 된다고 주장하는 사람들이, 쾌락[pleasure; 즐거움]과 대비되는 제한적이고 단순히 구어체적 의미에서의 [아마 '쓸모' 정도로 생각한다는 것] 효용이라는 단어를 사용한다고 생각하는 무지한 실수에 대해서는 간단한 언급이면 될 것 같다.

♠ An apology is due to the philosophical opponents of utilitarianism, for even the momentary appearance of confounding them with any one capable of so absurd a misconception; which is the more extraordinary, inasmuch as the contrary accusation, of referring everything to pleasure, and that too in its grossest form, is another of the common charges against utilitarianism: and, as has been pointedly remarked by an able writer, the same sort of persons, and often the very same persons, denounce the theory "as impracticably dry when the word utility precedes the word pleasure, and as too practicably voluptuous when the word pleasure precedes the word utility."

공리주의의 반대자 가운데 철학적 소양이 있는 분들께는, 그런 분들을 터무니 없는 오해가 가능한 사람들과 혼동하는 듯한 모습을 잠시라도 보인 점을 사과해야 하겠다. 이러한 터무니 없는 오해가 더 놀라운 것은, 반대로 모든 것[효용이라는 용어의 사용]을 쾌락, 그것도 가장 저급한 형태의 쾌락을 의미하는 것으로 치부하는 것이 공리주의에 대한 또 하나의 흔한 비난이기 때문이다. 이러한 점에 대해 어느 유능한 저술가는, 비슷한 생각을 가진 사람들이, 또는 종종 바로 같은 한 사람이 "효용이라는 단어가 쾌락이라는 단어에 앞서 나올 때는 아무 실용 가능성이 없는 건조한 이론"이라고 비난하고, "쾌락이라는 단어가 효용이라는 단어의 앞에 나오면 실용적인 면에서 너무 선정적 이론"이라고 비난한다고 꼬집었다.

♠ Those who know anything about the matter are aware that every writer, from Epicurus to Bentham, who maintained the theory of utility, meant by it, not something to be contradistinguished from pleasure, but pleasure itself, together with exemption from pain; and instead of opposing the useful to the agreeable or the ornamental, have always declared that the useful means these, among other things.

이 문제에 대해 조금이라도 아는 사람들은 에피쿠로스로부터 벤담에 이르기까지 효용의 이론을 주장한 모든 저자들은, 효용이란 쾌락과 대비되는 무엇이 아니라 바로 쾌락 자체, 아울러 고통이 없음을 의미하고 있다는 것을 잘 알고 있다. 또한 그들은 '유용하다[useful]'는 개념을 '기분 좋게 한다[agreeable]'거나 '장식적으로 아름답다[ornamental]'는 개념과 대비시키지 않고, 유용하다는 것은 예를 들어 바로 그런 성격들을 의미하는 것으로 사용하였다. [왜냐하면 '유용하다'는 단어를 좁은 의미에서의 실용성으로만 해석한다면 기분 좋게 한다거나 장식적이라는 것과는 관계가 없거나 반대되는 것으로 생각하기 쉽기 때문이다.]

Yet the common herd, including the herd of writers, not only in newspapers and periodicals, but in books of weight and pretension, are perpetually falling into this shallow mistake. Having caught up the word utilitarian, while knowing nothing whatever about it but its sound, they habitually express by it the rejection, or the neglect, of pleasure in some of its forms; of beauty, of ornament, or of amusement.

그러나 신문이나 잡지에 글을 올리는 사람들뿐만 아니라, 소위 심오하고 무게 잡는 책의 저자들을 포함하여 일반 대중들은 계속해서 이 단순하고 피상적인 잘못의 함정에 빠지고 있다. 공리주의라는 단어에 사로잡혀 그 말이 주는 어감 이외에는 아무것도 알지 못하면서, 공리주의적인 것의 다양한 형태인 아름다움, 멋짐, 즐거움 등의 거부나 소홀함을 의미하는 것으로 공리주의라는 말을 습관적으로 사용하고 있다. [예를 들어 어떤 건물이 '공리주의적'이라고 말한다면, 이는 그저 단순한 효율만을 강조하여 아름다움, 즐거움, 멋짐 등을 포기한 건물이라는 의미로 사용한다는 것이다.]

Nor is the term thus ignorantly misapplied solely in disparagement, but occasionally in compliment; as though it implied superiority to frivolity and the mere pleasures of the moment. And this perverted use is the only one in which the word is popularly known, and the one from which the new generation are acquiring their sole notion of its meaning.

공리적이라는 용어는 비하의 경우뿐 아니라 칭찬을 의도할 때도 마찬가지로 잘못 적용된다. 마치 가벼움이나 순간의 천박한 쾌락보다 우월하다는 것을 의미하는 것처럼 말이다. 공리주의적이라는 용어의 이렇게 왜곡된 사용은 이 용어가 대중적으로 알려진 유일한 용법이며, 또한 새로운 세대가 그 유일한 의미를 학습하게 되는 용법이다.

Those who introduced the word, but who had for many years discontinued it as a distinctive appellation, may well feel themselves called upon to resume it, if by doing so they can hope to contribute anything towards rescuing it from this utter degradation.[1]

이 단어를 도입했지만, 의도했던 특별한 용어로서의 사용을 오랫동안 중단하였던 사람들은 의도했던 의미로 다시 사용해야 할 일종의 의무를 느낄 것이다. 그렇게 함으로써 이런 완전한 왜곡으로부터 이 용어를 구하는 데 일조할 수 있다고 희망할 수 있다면 말이다. [주석은 책 말미에 있음.]

The creed which accepts as the foundation of morals, Utility, or the Greatest Happiness Principle, holds that actions are right in proportion as they tend to promote happiness, wrong as they tend to produce the reverse of happiness.

효용 또는 최대 행복 원칙을 도덕의 기초로 받아들이는 신조는, 어떤 행위는 그것이 행복을 증진하는 경향에 비례하여 선이 되고, 행복의 반대 상태를 만들어 내는 경향에 비례하여 악이 된다는 주장이다.

By happiness is intended pleasure, and the absence of pain; by unhappiness, pain, and the privation of pleasure. To give a clear view of the moral standard set up by the theory, much more requires to be said; in particular, what things it includes in the ideas of pain and pleasure; and to what extent this is left an open question.

여기에서 행복이란 쾌락, 그리고 고통의 부재를 의미하며, 불행이란 고통을, 그리고 쾌락의 결핍을 의미한다. 이 이론이 제시하는 도덕적 기준을 분명하게 보여주기 위해서는 훨씬 더 많은 논의가 필요하다. 그 가운데 특히, 그 도덕적 기준은 고통과 쾌락이라는 개념에 어떤 것들을 포함시키는지, 그리고 어떤 범위로 이 질문이 결론을 내릴 수 없는 문제가 되는 것인지에 대한 논의가 필요하다.

But these supplementary explanations do not affect the theory of life on which this theory of morality is grounded—namely, that pleasure, and freedom from pain, are the only things desirable as ends; and that all desirable things (which are as numerous in the utilitarian as in any other scheme) are desirable either for the pleasure inherent in themselves, or as means to the promotion of pleasure and the prevention of pain.

그러나 이러한 부수적인 설명들이 공리주의라는 도덕 이론이 기초하고 있는 삶의 이론에 영향을 미치지는 않는데, 여기에서 말하는 삶의 이론이란, 쾌락, 그리고 고통으로부터의 자유만이 그 자체가 목적으로서 사람들이 바라는 유일한 것이며, 모든 바람직한 것들은 (이들은 다른 도덕 이론에서와 같이 공리주의에서도 수많은 것들이 있는데) 그 자체가 주는 즐거움 때문이거나, 또는 쾌락을 증진하고 고통을 예방하는 수단이기 때문에 바람직한 것이라는 인식이다.

Now, such a theory of life excites in many minds, and among them in some of the most estimable in feeling and purpose, inveterate dislike. To suppose that life has (as they express it) no higher end than pleasure—no better and nobler object of desire and pursuit—they designate as utterly mean and grovelling; as a doctrine worthy only of swine, to whom the followers of Epicurus were, at a very early period, contemptuously likened; and modern holders of the doctrine are occasionally made the subject of equally polite comparisons by its German, French, and English assailants.

한편 이러한 삶의 이론은 많은 이들의 마음에, 그리고 그 가운데 심성이나 의도에 있어 가장 존경할 만한 마음에 확고부동한 혐오를 불러일으키기도 한다. (그런 마음의 소유자들이 표현하듯이) 삶에 쾌락보다 높은 목적이 없으며, 더 선하고 고귀한 욕망과 추구의 대상이 없다고 생각하는 것은 철저히 비열하고 비굴하다고 규정하며, 고대에 에피쿠로스의 추종자들을 경멸적으로 비유했던 돼지에게나 어울릴 신조라고 치부한다. 그리고 현재에도 이 신조의 보유자들은, 독일, 프랑스, 영국의 비판자들로부터 고대에서와 동일하게 예의 바른 비유의 대상이 되고 있다.

♠ When thus attacked, the Epicureans have always answered, that it is not they, but their accusers, who represent human nature in a degrading light; since the accusation supposes human beings to be capable of no pleasures except those of which swine are capable. If this supposition were true, the charge could not be gainsaid, but would then be no longer an imputation; for if the sources of pleasure were precisely the same to human beings and to swine, the rule of life which is good enough for the one would be good enough for the other.

이런 식으로 공격 받을 때면, 에피큐리언들은 인간 본성을 비하하는 것은 자신들이 아니라 자신들을 비난하는 사람들이라고 늘 응해 왔다. 에피큐리언에 대한 비난은, 돼지가 즐길 수 있는 쾌락과 다른 쾌락을 인간이 느낄 수 없다는 것을 전제로 하기 때문이다. 이러한 전제가 사실이라면, 에피큐리언을 돼지에 비유하는 것을 반박할 수 없겠지만, 대신 더 이상 욕은 아니게 된다. 왜냐하면 쾌락의 원천이 사람에게나 돼지에게나 똑같다면, 돼지에게 적절한 삶의 기준은 인간에게도 충분히 좋은 삶의 기준이 될 것이기 때문이다. [Epicurean은 에피쿠로스의 주장을 받아들이는 사람으로서 쾌락주의자라고 번역할 수도 있을 것이나, 그대로 '에피큐리언'으로 기재하였다. 한편, 소문자로 시작하는 epicurean은 '미식가'라는 뜻으로 변이되었다.]

The comparison of the Epicurean life to that of beasts is felt as degrading, precisely because a beast's pleasures do not satisfy a human being's conceptions of happiness. Human beings have faculties more elevated than the animal appetites, and when once made conscious of them, do not regard anything as happiness which does not include their gratification.

에피큐리언적인 삶이 짐승의 삶에 비유되는 것이 모욕적으로 느껴지는 것은, 짐승이 느끼는 쾌락만으로 인간의 행복에 대한 개념을 만족시킬 수 없다는 바로 그 점 때문이다. 인간은 동물의 욕망보다는 더 고양된 능력[faculty]들을 가지고 있으며, 이들을 일단 인식하게 되면 이들을 만족시키지 않는 어떤 것도 행복으로 생각하지 않는다.

I do not, indeed, consider the Epicureans to have been by any means faultless in drawing out their scheme of consequences from the utilitarian principle. To do this in any sufficient manner, many Stoic, as well as Christian elements require to be included. But there is no known Epicurean theory of life which does not assign to the pleasures of the intellect, of the feelings and imagination, and of the moral sentiments, a much higher value as pleasures than to those of mere sensation.

사실 나는, 에피큐리언들이 공리주의적 원칙을 기반으로 구체적 결과를 도출하는 방식이 완벽했다고는 생각하지 않는다. 그런 [원칙을 기반으로 구체적 결과를 도출하는] 작업을 충분히 하기 위해서는, 많은 스토익적 요소와 기독교적 요소가 포함되어야 할 것이다. 그러나, 단순한 말초적 자극으로부터의 쾌락에 비해, 지성의 쾌락, 감정과 상상의 쾌락, 그리고 도덕적 정서의 쾌락에 훨씬 더 높은 가치를 부여하지 않는 에피큐리언적 삶의 이론은 알려진 바 없다. [Stoic은 스토아 철학(Stoicism)의 추종자로서 그대로 '스토익'으로 옮겼다.]

♠ It must be admitted, however, that utilitarian writers in general have placed the superiority of mental over bodily pleasures chiefly in the greater permanency, safety, uncostliness, etc., of the former—that is, in their circumstantial advantages rather than in their intrinsic nature. And on all these points utilitarians have fully proved their case; but they might have taken the other, and, as it may be called, higher ground, with entire consistency.

그럼에도, 공리주의적 저자들은 일반적으로 정신적 쾌락이 육체적 쾌락에 비해 우월하다는 것을, 주로 지속성, 안전성, 경제성의 관점에서 찾아왔다는 점을 인정해야 할 것이다. 즉, 정신적 쾌락의 내재적 성격보다는 상황적 장점에서 [그 우월함을] 찾아왔다는 것이다. 그리고 이 모든 점에서 공리주의자들은 그들의 주장을 충분히 증명하였다. 그러나 그들은 일관된 논리로 다른 [논리적] 우위도 점할 수 있었을 것이다. [정신적 쾌락이 그 내재적 성격에 있어서도 우월하다는 점을 일관되게 주장할 수도 있었다는 의미.]

It is quite compatible with the principle of utility to recognise the fact, that some *kinds* of pleasure are more desirable and more valuable than others. It would be absurd that while, in estimating all other things, quality is considered as well as quantity, the estimation of pleasures should be supposed to depend on quantity alone.

어떤 쾌락이 다른 쾌락보다 더 바람직하며 더 가치 있다는 사실을 인정하는 것은 효용의 원칙에 충분히 부합한다. 다른 모든 것들의 평가에 있어서는 양과 질이 모두 고려되면서, 쾌락의 평가는 양에만 의존해야 한다고 생각하는 것은 터무니 없다고 하겠다.

If I am asked, what I mean by difference of quality in pleasures, or what makes one pleasure more valuable than another, merely as a pleasure, except its being greater in amount, there is but one possible answer. Of two pleasures, if there be one to which all or almost all who have experience of both give a decided preference, irrespective of any feeling of moral obligation to prefer it, that is the more desirable pleasure.

쾌락에 있어서 질의 차이란 무엇을 의미하는가, 즉 어떤 쾌락을 다른 쾌락보다, (양의 문제는 제외하고) 단순히 쾌락 자체로서, 더 가치 있게 만드는 것이 무엇이냐는 질문에 대해서는, 단 하나의 대답만이 가능하다. 두 쾌락 가운데, 이 둘을 경험한 모든 또는 거의 모든 사람들이, 어떤 것을 선호해야 한다는 도덕적 의무감 없이, 결정적으로 선호하는 쾌락이 있다면 그것이 보다 바람직한 쾌락이다.

♠ If one of the two is, by those who are competently acquainted with both, placed so far above the other that they prefer it, even though knowing it to be attended with a greater amount of discontent, and would not resign it for any quantity of the other pleasure which their nature is capable of, we are justified in ascribing to the preferred enjoyment a superiority in quality, so far outweighing quantity as to render it, in comparison, of small account.

둘 모두를 경험해서 잘 알고 있는 사람들이, 하나를 다른 것에 비해 훨씬 높게 평가하여 그것을 선호한다면, 또한 그 선호되는 것이 더 큰 불만족을 수반할 것이라는 것을 알면서도, 그리고 선호되지 않은 (그 사람들의 본성이 향유할 줄 아는) 다른 쾌락의 양이 아무리 많더라도 그것을 선호한다면, 우리가 양은 상대적으로 무시할 정도로 질을 높게 평가하고 선호된 즐거움에 질적 우위를 부여하는 것이 정당하다고 하겠다.

Now it is an unquestionable fact that those who are equally acquainted with, and equally capable of appreciating and enjoying, both, do give a most marked preference to the manner of existence which employs their higher faculties.

두 쾌락에 대해서 똑같이 잘 알고 있으며, 이들에 관해 똑같이 그 가치를 알며 즐길 줄 아는 사람은 그들의 더 고양된 능력을 사용하게 하는 존재의 방식을 분명하게 선호할 것이라는 것은 의심의 여지가 없다.

♠ Few human creatures would consent to be changed into any of the lower animals, for a promise of the fullest allowance of a beast's pleasures; no intelligent human being would consent to be a fool, no instructed person would be an ignoramus, no person of feeling and conscience would be selfish and base, even though they should be persuaded that the fool, the dunce, or the rascal is better satisfied with his lot than they are with theirs.

짐승의 쾌락을 완전히 보장해 준다는 약속의 대가로 짐승으로 변화되기로 동의하는 인간은 없을 것이다. 지적인 사람이 바보가 되기로, 교육 받은 사람이 무지한 사람이 되기로, 감성과 양심을 가진 사람이 이기적이고 천한 사람이 되기로 동의하지는 않을 것이다. 설사 바보나 무지렁이나 양심 없는 사람이 자신의 삶에 대해서 (그들이 삶에 대해서 만족하는 것보다) 더 만족한다는 것을 [그들이] 인정하게 된다 해도 그럴 것이다. [여기와 이하의 두 문장에서 they는 지적인 사람, 교육 받은 사람, 감성과 양심을 가진 사람을 지칭하고, he는 바보나 무지렁이나 양심 없는 사람을 지칭한다.]

They would not resign what they possess more than he for the most complete satisfaction of all the desires which they have in common with him. If they ever fancy they would, it is only in cases of unhappiness so extreme, that to escape from it they would exchange their lot for almost any other, however undesirable in their own eyes.

더 고양된 삶의 방식을 가진 사람들은 저급한 삶의 방식을 따르는 사람에 비해서 더 가지고 있는 것[고양된 쾌락을 즐길 줄 아는 능력]을, 그 두 그룹이 공통으로 가지고 있는 [저급한] 욕망을 가장 완벽하게 만족시켜 준다고 해도, 결코 포기하지 않을 것이다. 그리고 만일 그들이 그렇게 하고 싶다고 바라는 경우가 있다면, 그것은 불행이 너무 극단적이어서 그 불행으로부터 도피하기 위해 그들의 눈에 아무리 바람직해 보이지 않는 삶의 방식으로라도 현재 자신의 운명을 바꾸고 싶어할 때뿐이다.

A being of higher faculties requires more to make him happy, is capable probably of more acute suffering, and certainly accessible to it at more points, than one of an inferior type; but in spite of these liabilities, he can never really wish to sink into what he feels to be a lower grade of existence.

고양된 능력[faculty]을 가진 사람은 열등한 능력의 사람에 비해, 행복하기 위해 더 많은 것을 필요로 하고, 더 절실한 아픔을 느낄 줄 알며, 그리고 분명히 그 아픔에 더 자주 노출될 수 있다. 그러나 이 모든 부담에도 불구하고 그가 생각하기에 더 낮은 등급의 존재로 추락하기를 진정으로 바랄 리 없다.

♠ We may give what explanation we please of this unwillingness; we may attribute it to pride, a name which is given indiscriminately to some of the most and to some of the least estimable feelings of which mankind are capable: we may refer it to the love of liberty and personal independence, an appeal to which was with the Stoics one of the most effective means for the inculcation of it; to the love of power, or to the love of excitement, both of which do really enter into and contribute to it: but its most appropriate appellation is a sense of dignity, which all human beings possess in one form or other, and in some, though by no means in exact, proportion to their higher faculties, and which is so essential a part of the happiness of those in whom it is strong, that nothing which conflicts with it could be, otherwise than momentarily, an object of desire to them.

이러한 [낮은 존재로 살아가는 것에 대한] 거부에 대해 우리는 좋을 대로 여러 이유를 제시할 수 있을 것이다. 자존심을 이유로 들 수 있겠는데, 자존심은 인간이 느낄 수 있는 가장 존경할 만한 감정에 대해, 또는 가장 경멸할 감정에 대해 무차별적으로 부여되는 이름이기도 하다. 자유에 대한 사랑과 개인적 독립을 제시할 수 있을 텐데, 이런 개념들에 대한 호소는 스토익[Stoic]들이 생각하기에는 그 [낮은 존재로 회귀하는 것에 대한] 거부감을 심어 주는 데 가장 효과적인 방법이다. 권력욕 또는 흥분에 대한 사랑도 가능한데, 이 둘 모두는 그 거부감에 정말로 관여하여 이를 키운다. 그러나 가장 적절한 이름은 존엄감(sense of dignity)인데, 이는 모든 인간이 어떤 형태로든 보유하고 있는 것으로, (어떤 형태의 존엄감에서는) 정확히는 아니라도 어느 정도 그들의 고양된 능력에 비례한다. 그리고 이 존엄감은 이 감정이 강한 이들의 행복에 있어 너무나도 필수적인 부분이기에, 이 감정과 충돌하는 어떤 것도 장기적으로 그들에게 욕망의 대상이 될 수 없다.

Whoever supposes that this preference takes place at a sacrifice of happiness—that the superior being, in anything like equal circumstances, is not happier than the inferior—confounds the two very different ideas, of happiness, and content.

이러한 [고양된 쾌락의] 선호는 행복의 희생을 통해서 이루어진다는 생각, 즉 우월한 존재는 유사한 상황에서 열등한 존재에 비해 덜 행복하다는 생각을 가진 사람들은 행복과 만족이라는 매우 다른 두 개념들을 혼동하고 있는 것이다.

It is indisputable that the being whose capacities of enjoyment are low, has the greatest chance of having them fully satisfied; and a highly endowed being will always feel that any happiness which he can look for, as the world is constituted, is imperfect.

삶에 있어서의 향유의 용량이 작은 사람은, 그 용량을 완전히 채울 수 있는 가능성이 가장 크지만, 향유의 큰 용량을 부여 받은 사람은 그가 추구하는 어떤 행복도, 세상사가 그렇게 되어 있기에, 언제나 불완전하다고 느낄 것임이 분명하다.

♠ But he can learn to bear its imperfections, if they are at all bearable; and they will not make him envy the being who is indeed unconscious of the imperfections, but only because he feels not at all the good which those imperfections qualify. It is better to be a human being dissatisfied than a pig satisfied; better to be Socrates dissatisfied than a fool satisfied. And if the fool, or the pig, is of a different opinion, it is because they only know their own side of the question. The other party to the comparison knows both sides.

그러나 그는 이런 불완전함을, 어떻게든 견디는 것이 가능한 것이라면, 견디는 것을 배울 수 있다. 그리고 그 불완전함들은, 그 불완전함이 제한하는 모든 선(善)에 대해서 전혀 알지 못하기 때문에 그 불완전함조차 정말 인식하지 못하는 사람을, 그가 부러워하게 만들지도 않을 것이다. 만족한 돼지보다 만족하지 못한 인간이 되는 것이 나으며, 만족한 바보보다 만족하지 못한 소크라테스가 되는 편이 낫다. 만일 바보나 돼지는 다른 의견이라면, 그것은 그들이 이 질문의 자기 쪽 이야기만 알기 때문이다. 반면에 소크라테스나 인간은 질문의 양쪽 이야기 모두를 알고 있다.

It may be objected, that many who are capable of the higher pleasures, occasionally, under the influence of temptation, postpone them to the lower. But this is quite compatible with a full appreciation of the intrinsic superiority of the higher.

높은 차원의 쾌락을 향유할 줄 아는 많은 사람들이 종종 유혹에 굴복하여 저급한 쾌락을 선택한다는 반론이 제기될 수 있다. 그러나 이는 높은 차원의 쾌락의 내재적 우월성을 충분히 인정하는 것과 모순되지 않는다.

Men often, from infirmity of character, make their election for the nearer good, though they know it to be the less valuable; and this no less when the choice is between two bodily pleasures, than when it is between bodily and mental. They pursue sensual indulgences to the injury of health, though perfectly aware that health is the greater good.

사람들은 종종 의지의 박약으로, 그것이 덜 바람직하다는 것을 알면서도 더 쉽게 얻을 수 있는 쾌락을 선택한다. 그리고 이러한 현상은 육체적 쾌락과 정신적 쾌락의 선택의 경우에서와 못지않게, 두 육체적 쾌락 가운데 하나를 선택하는 경우에도 발생한다. 사람들은 건강이 더 큰 선인 것을 충분히 알면서도 건강을 해쳐가며 선정적 탐닉을 추구한다.

It may be further objected, that many who begin with youthful enthusiasm for everything noble, as they advance in years sink into indolence and selfishness. But I do not believe that those who undergo this very common change, voluntarily choose the lower description of pleasures in preference to the higher. I believe that before they devote themselves exclusively to the one, they have already become incapable of the other.

또 다른 반론으로서, 고귀한 모든 것에 대한 젊은 열정으로 시작한 많은 사람들이

나이 들어감에 따라 게으름과 이기심에 빠져들어간다는 점을 지적할 수도 있다. 그러나 나는 이 흔히 볼 수 있는 변화를 겪는 사람들이, 고상한 쾌락보다 저급한 쾌락을 자발적으로 선택하는 것이라고 믿지 않는다. 그보다는 이들이 저급한 쾌락에만 몰입하기 전에 이미 고상한 쾌락을 향유하는 능력을 잃어 버렸기 때문이라고 생각한다.

Capacity for the nobler feelings is in most natures a very tender plant, easily killed, not only by hostile influences, but by mere want of sustenance; and in the majority of young persons it speedily dies away if the occupations to which their position in life has devoted them, and the society into which it has thrown them, are not favourable to keeping that higher capacity in exercise.

고귀한 감성을 수용하는 능력은 그 대부분 성격상 매우 섬세한 식물과 같아서, 적대적인 환경에 의해서만이 아니라 보살피는 손길의 부재만으로도 쉽게 죽게 된다. 그리고 대다수의 젊은이들에게 있어, 그들이 삶의 지위에 의해서 선택할 수밖에 없었던 직업이나, [삶의 지위가] 그들을 던져 넣은 사회가 그 고귀한 능력을 발휘하기 어렵게 한다면, 이는 쉽게 사라지고 만다.

Men lose their high aspirations as they lose their intellectual tastes, because they have not time or opportunity for indulging them; and they addict themselves to inferior pleasures, not because they deliberately prefer them, but because they are either the only ones to which they have access, or the only ones which they are any longer capable of enjoying.

사람들은 지적 취향을 잃어버리면서 그들의 높은 이상을 잃게 되는데, 그런 취향을 즐길 시간이나 기회를 갖지 못하기 때문이다. 그들이 저급한 쾌락에 중독되는 것은, 저급한 쾌락을 신중히 생각해서 선호하기 때문이 아니라, 그것만이 자신들이 얻을 수 있거나 아직도 향유할 능력이 있는 유일한 쾌락이기 때문일 것이다.

It may be questioned whether any one who has remained equally susceptible to both classes of pleasures, ever knowingly and calmly preferred the lower; though many, in all ages, have broken down in an ineffectual attempt to combine both.

두 종류의 쾌락을 동일하게 향유할 능력이 남아 있는 사람이, 의도적으로 그리고 차분하게, 낮은 쾌락을 선택할 경우가 있을지 의문이다. 모든 시대에 걸쳐 많은 사람들이 두 쾌락을 동시에 향유하려는 불가능한 시도 가운데 무너졌지만 말이다.

♠ From this verdict of the only competent judges, I apprehend there can be no appeal. On a question which is the best worth having of two pleasures, or which of two modes of existence is the most grateful to the feelings, apart from its moral attributes and from its consequences, the judgment of those who are qualified by knowledge of both, or, if they differ, that of the majority among them, must be admitted as final.

그럴 자격 있는 유일한 판관들의 이러한 판결에 대해서 상고는 있을 수 없다고 나는 이해한다. 도덕적 특징이나 결과를 고려하지 않은 채, 두 쾌락 중에서 어느 것을 누리는 것이 더 가치 있으며, 두 종류의 존재의 양상 중에서 어느 것이 인간의 감정들을 더 감사히 여기게 할 것인가라는 질문에 대해서, 둘 모두에 대해 잘 알고 있어 판단할 자격이 있는 사람들에 의한 판단, 또는 그들의 의견이 다르다면 그들 중 다수가 내리는 판단은 최종적이라고 받아들여야 한다.

And there needs be the less hesitation to accept this judgment respecting the quality of pleasures, since there is no other tribunal to be referred to even on the question of quantity. What means are there of determining which is the acutest of two pains, or the intensest of two pleasurable sensations, except the general suffrage of those who are familiar with both?

심지어 쾌락의 양에 관한 질문에 있어서도 다른 판단의 방법이 없다는 것을 고려할 때, 쾌락의 질적 비교의 판단에 있어서는 이러한 판단 방식을 받아들이는 것에 더욱 주저할 필요가 없다. 두 고통 중 어떤 것이 더 심하게 고통스러운지 또는 두 쾌락적 느낌 중 어느 것이 더 강렬한지를 판단할 때, 비교 대상 둘 모두를 잘 알고 있는 사람들의 다수결 외에 어떤 다른 수단이 있을 수 있겠는가?

♠ Neither pains nor pleasures are homogeneous, and pain is always heterogeneous with pleasure. What is there to decide whether a particular pleasure is worth purchasing at the cost of a particular pain, except the feelings and judgment of the experienced? When, therefore, those feelings and judgment declare the pleasures derived from the higher faculties to be preferable *in kind*, apart from the question of intensity, to those of which the animal nature, disjoined from the higher faculties, is susceptible, they are entitled on this subject to the same regard.

고통이건 쾌락이건 동질적이지 않으며, 고통과 쾌락은 항상 이질적이다. 특정한 쾌락을 특정한 고통을 감수하고 획득할 가치가 있는가를 결정함에 있어서, 경험자의 느낌과 판단 외에 무엇이 있겠는가? 그러므로, 고양된 능력에서 도출되는 쾌락이, 강렬함의 문제는 차치하고, 고양된 능력이 결여된 동물적 본성만으로 향유할 수 있는 쾌락보다 선호된다고 경험자의 느낌과 판단이 결정한다면, 이는 마찬가지로 존중되어야 한다.

♠ I have dwelt on this point, as being a necessary part of a perfectly just conception of Utility or Happiness, considered as the directive rule of human conduct. But it is by no means an indispensable condition to the acceptance of the utilitarian standard; for that standard is not the agent's own greatest happiness, but the greatest amount of happiness altogether; and if it may possibly be doubted whether a noble character is always the happier for its nobleness, there can be no doubt that it makes other people happier, and that the world in general is immensely a gainer by it.

인간 행동의 지침으로서 고려될, 효용 또는 행복의 완전히 올바른 이해를 위한 필수 요소로서 이러한 점[고차원의 쾌락과 저급한 쾌락에 대한 사람들의 선호에 관한 앞의 논의]을 살펴보았다. 그러나 이는 공리주의적 기준을 받아들이기 위한 필수 조건은 결코 아니다. 왜냐하면 그 기준이 되는 것은, 행위자 자신의 최대 행복이 아니라, 모두의 행복 총량의 최대화이기 때문이다. 그래서 어떤 고귀한 성격의 소유자가 그 고귀한 성격 때문에 항상 더 행복해질 것인가를 의심할 수는 있겠지만, 그 고귀한 성격은 다른 사람들을 더 행복하게 할 것이고, 따라서 세상 일반은 큰 수혜자가 될 것이라는 것을 의심할 수는 없다.

♠ Utilitarianism, therefore, could only attain its end by the general cultivation of nobleness of character, even if each individual were only benefited by the nobleness of others, and his own, so far as happiness is concerned, were a sheer deduction from the benefit. But the bare enunciation of such an absurdity as this last, renders refutation superfluous.

공리주의는, 따라서, 사회 구성원들의 고귀한 성품이 일반적으로 함양될 때만 그 목적을 이룰 수 있을 것이다. 각 개인은 오직 다른 사람들의 고귀함에 의해서만 혜택을 볼 수 있고, 자신의 고귀함은, 적어도 행복에 관해서는, 그 혜택으로부터 제외된다는 [터무니 없는] 생각이 맞는다고 가정하더라도 말이다. 그러나 이런 생각은 그 언급만으로도, 반박이 필요 없을 정도도 말이 안 되는 주장이다. [다른 사람들이 혜택 받는다는 것 자체가 자신에게도 당연히 기쁨이나 혜택이 된다는 것이다.]

♠ According to the Greatest Happiness Principle, as above explained, the ultimate end, with reference to and for the sake of which all other things are desirable (whether we are considering our own good or that of other people), is an existence exempt as far as possible from pain, and as rich as possible in enjoyments, both in point of quantity and quality; the test of quality, and the rule for measuring it against quantity, being the preference felt by those who in their opportunities of experience, to which must be added their habits of self-consciousness and self-observation, are best furnished with the means of comparison.

앞서 설명한 바와 같은 최대 행복의 원칙에 따르면, 궁극적 목적, 즉 그것이 기준이 되고 그것을 위해서 다른 모든 것들의 바람직함이 결정되는 그러한 궁극적 목적은, (우리 자신의 행복을 고려하든 다른 사람들의 행복을 고려하든 관계없이) 가능한 한 고통으로부터 해방되고, 양적으로나 질적으로나 쾌락의 향유가 최대로 풍성한 그런 존재로 사는 것이다. 그리고 질적으로 비교하거나 질을 양과 대비하여 비교하는 경우, 자기 의식과 자기 성찰의 습성을 포함하여, 비교 대상의 쾌락들을 모두 경험할 기회가 있었던 사람들이 결정하는 선호로 판단하게 된다.

♠ This, being, according to the utilitarian opinion, the end of human action, is necessarily also the standard of morality; which may accordingly be defined, the rules and precepts for human conduct, by the observance of which an existence such as has been described might be, to the greatest extent possible, secured to all mankind; and not to them only, but, so far as the nature of things admits, to the whole sentient creation.

이것이 바로 공리주의자의 생각으로는 인간 행동의 목적이기에, 동시에 도덕의 기준이 될 수밖에 없다. 따라서 이 도덕의 기준은 다음과 같은, 인간 행동의 규칙과 계율이라고 정의될 수 있다. 즉, 이를 준수함으로써 앞서 기술한 [이상적] 존재 방식이, 가능한 넓은 범위로 모든 인류에게, 더 나아가 세상의 섭리가 허용하는 한 모든 의식 있는 창조물에게 보장되게 하는 그런 규칙과 계율이라고.

♠ Against this doctrine, however, arises another class of objectors, who say that happiness, in any form, cannot be the rational purpose of human life and action; because, in the first place, it is unattainable: and they contemptuously ask, what right hast thou to be happy? a question which Mr. Carlyle clenches by the addition, What right, a short time ago, hadst thou even *to be*? Next, they say, that men can do *without* happiness; that all noble human beings have felt this, and could not have become noble but by learning the lesson of Entsagen, or renunciation; which lesson, thoroughly learnt and submitted to, they affirm to be the beginning and necessary condition of all virtue.

이런 공리주의 원칙에 대해 또 다른 부류의 반대자들이 등장하는데, 이들은 어떤 형태의 행복이든 인간의 삶과 행위의 합리적 목적이 될 수 없다고 말한다. 그들은 우선, 행복은 획득될 수 없는 대상이라며, 누가 그대에게 행복할 권리를 주었느냐고 경멸적으로 묻는다. 이 질문은 카알라일 씨[Thomas Carlyle]의 다음 질문으로 더 확고해진다. 조금 전에 [즉, 당신이 태어나기 전에] 누가 그대에게 존재할 권리를 주었는가? 그 다음으로 인간은 행복 없이도 살 수 있다고 말한다. 모든 고귀한 인간들은 이를 [행복 없이도 살 수 있다는 것을] 알고 있었으며, 포기(Entsagen, renunciation)라는 교훈을 배우지 않았더라면 고귀한 영혼이 되지 못했을 것이라고 한다. 포기의 교훈은, 이를 확실히 습득하여 이에 순종하면, 모든 미덕의 시작과 필요 조건이 된다고 그들은 주장한다.

The first of these objections would go to the root of the matter were it well founded; for if no happiness is to be had at all by human beings, the attainment of it cannot be the end of morality, or of any rational conduct.

첫 번째 반론은 그것이 충분히 근거가 있는 것이라면, 사안의 근본을 흔들게 될 것이다. [가정법 과거로 기술한 것을 보면, 밀은 충분한 근거가 있다고 생각하지 않는 것을 알 수 있다.] 왜냐하면, 만일 행복은 인간이 결코 획득할 수 없는 것이라면 행복의 획득이 도덕의 목적, 또는 어떠한 합리적 행동의 목적도 될 수 없을 것이기 때문이다.

Though, even in that case, something might still be said for the utilitarian theory; since utility includes not solely the pursuit of happiness, but the prevention or mitigation of unhappiness; and if the former aim be chimerical, there will be all the greater scope and more imperative need for the latter, so long at least as mankind think fit to live, and do not take refuge in the simultaneous act of suicide recommended under certain conditions by Novalis.

그러나 심지어 이 경우에도 공리주의 이론을 옹호하는 것이 가능하다. 즉, 효용은 행복의 추구만을 의미하지 않으며, 불행의 예방이나 완화도 포함하기 때문에, 만일 행복의 추구가 환상이라면, 불행의 예방과 완화는 설 자리가 더 커지고, 그 필요성이 더 커질 것이기 때문이다. 적어도 인류가 계속 살아가는 것이 맞는다고 생각해서, 노발리스[Novalis, 독일 낭만주의 시인 Hardenberg의 필명]가 제시한 특정 조건 하에서 추천되는 인류의 동시적인 자살로 도피할 생각이 없다면 말이다.

♠ When, however, it is thus positively asserted to be impossible that human life should be happy, the assertion, if not something like a verbal quibble, is at least an exaggeration. If by happiness be meant a continuity of highly pleasurable excitement, it is evident enough that this is impossible. A state of exalted pleasure lasts only moments, or in some cases, and with some intermissions, hours or days, and is the occasional brilliant flash of enjoyment, not its permanent and steady flame.

그러나, 인간의 삶은 행복해지는 것이 불가능하다고 이렇듯 단정적으로 주장될 때에는, 이 주장은 말장난은 아닐지라도, 적어도 과장되었다고 생각한다. 만일 행복이 아주 즐길 만한 흥분의 지속을 의미한다면, 그런 행복은 불가능한 것이 자명하다. 고양된 쾌락의 상태는 잠시 동안만, 또는 어떤 경우에는 간격을 두고 몇 시간 또는 며칠 동안 지속될 뿐이다. 그리고 즐거움의 눈부신 번쩍임으로 이따금 나타나지, 영구적이고 안정적인 불길로 나타나지 않는다.

♠ Of this the philosophers who have taught that happiness is the end of life were as fully aware as those who taunt them. The happiness which they meant was not a life of rapture; but moments of such, in an existence made up of few and transitory pains, many and various pleasures, with a decided predominance of the active over the passive, and having as the foundation of the whole, not to expect more from life than it is capable of bestowing.

행복이 삶의 목적이라고 가르쳐 왔던 철학자들은, 이런 생각을 조롱하는 사람들과 마찬가지로 이러한 사실을 잘 알고 있었다. 그들이 말했던 행복은 극적인 환희의 삶이 아니라, 다음과 같은 존재 양식 안에서의 환희의 순간이었다. 그 존재 양식은, 고통은 자주 있지 않고 오래 지속되지 않으며, 기쁨은 자주 있으며 종류도 다양하고, 그 기쁨은 소극적으로 얻는 경우보다 적극적으로 얻는 경우가 압도적으로 많으며, 그리고 (전체의 기초로서) 삶이 현실적으로 제공할 수 있는 것보다 더 많은 것을 기대하지 않아도 되는 그러한 삶이다.

A life thus composed, to those who have been fortunate enough to obtain it, has always appeared worthy of the name of happiness. And such an existence is even now the lot of many, during some considerable portion of their lives. The present wretched education, and wretched social arrangements, are the only real hindrance to its being attainable by almost all.

이렇게 구성된 삶은, 다행히 그러한 삶을 누릴 수 있었던 사람들에게는, 행복이라는 이름이 언제나 걸맞는 것이었다. 그리고 이러한 존재 양식을, 현재에도 많은 이들이 삶의 상당 기간 동안 누리고 있다. 현재의 한심한 교육과 역시 한심한 사회 제도들만이, 거의 모든 이들이 이러한 삶을 누리는 데 있어 현실적인 장애가 되고 있다.

The objectors perhaps may doubt whether human beings, if taught to consider happiness as the end of life, would be satisfied with such a moderate share of it. But great numbers of mankind have been satisfied with much less. The main constituents of a satisfied life appear to be two, either of which by itself is often found sufficient for the purpose: tranquillity, and excitement.

아마도 비판자들은, 사람들이 행복이 삶의 목적이라고 생각하도록 배운다고 해도, 과연 그렇게 작은 몫의 행복에 만족할 것인가를 의심할지 모른다. 그러나 많은 사람들이 그보다 훨씬 작은 행복에도 만족해 왔다. 만족한 삶의 주요 구성 요소는 고요함과 흥분됨의 두 가지로 생각되는데, 종종 이 두 가지 중 하나만으로도 그 목적을 이루기에 충분하다.

♠ With much tranquillity, many find that they can be content with very little pleasure: with much excitement, many can reconcile themselves to a considerable quantity of pain. There is assuredly no inherent impossibility in enabling even the mass of mankind to unite both; since the two are so far from being incompatible that they are in natural alliance, the prolongation of either being a preparation for, and exciting a wish for, the other.

고요함을 충분히 누리면, 많은 이들은 매우 작은 기쁨으로도 만족할 수 있음을 깨닫는다. 흥분됨을 충분히 누리면, 많은 이들은 상당한 양의 고통도 수용할 수 있다. 대다수 사람들의 경우라 하더라도 이 둘을 통합시키는 것이 절대 본질적으로 불가능하지 않다. 이 둘은 충분히 양립할 수 있기에 자연스러운 연합의 상태에 있으면서, 하나의 지속은 다른 것의 준비가 되고, 다른 것에 대한 염원을 일으킨다.

It is only those in whom indolence amounts to a vice, that do not desire excitement after an interval of repose: it is only those in whom the need of excitement is a disease, that feel the tranquillity which follows excitement dull and insipid, instead of pleasurable in direct proportion to the excitement which preceded it. When people who are tolerably fortunate in their outward lot do not find in life sufficient enjoyment to make it valuable to them, the cause generally is, caring for nobody but themselves.

쉼의 기간 후에 흥분됨을 욕구하지 않는 것은 게으름이 악습이 되어 버린 사람에게나 가능하다. 흥분됨이 지난 후의 고요함을, 앞서의 흥분됨에 비례하여 즐길 만한 것이 아니라 지루하고 재미 없게 느끼는 것은 흥분됨의 필요가 일종의 질병인 사람에게나 가능하다. 외부적 상황이 그런대로 괜찮은 사람이 삶을 소중하게 여기게 하는 충분한 즐거움을 찾지 못한다며, 그 이유는 일반적으로 자기 자신만을 생각하기 때문이다.

♠ To those who have neither public nor private affections, the excitements of life are much curtailed, and in any case dwindle in value as the time approaches when all selfish interests must be terminated by death: while those who leave after them objects of personal affection, and especially those who have also cultivated a fellow-feeling with the collective interests of mankind, retain as lively an interest in life on the eve of death as in the vigour of youth and health.

공적으로나 사적으로 소중히 여기는 것이 없는 사람에게 삶의 흥분됨은 심각하게 손상되며, 모든 이기적인 관심이 죽음에 의해 끝이 나는 시간이 다가옴에 따라 어떤 경우에도 그 가치는 추락하게 된다. 한편, 개인적 애정의 대상을 남기는 사람들은, 그리고 특히 이에 더해 인류의 집단적 관심사에 어떤 동료로서의 감정을 키워온 사람들은, 죽음의 문턱에서도, 젊음과 건강의 활력을 지니고 있었을 때와 마찬가지로, 삶에 대한 생생한 관심을 유지하게 된다.

♠ Next to selfishness, the principal cause which makes life unsatisfactory is want of mental cultivation. A cultivated mind—I do not mean that of a philosopher, but any mind to which the fountains of knowledge have been opened, and which has been taught, in any tolerable degree, to exercise its faculties—finds sources of inexhaustible interest in all that surrounds it; in the objects of nature, the achievements of art, the imaginations of poetry, the incidents of history, the ways of mankind, past and present, and their prospects in the future.

이기심 다음으로 삶을 만족스럽지 못하게 만드는 주요 요인은 정신적 개발의 결핍이다. 잘 가꾸어진 마음은, 학문 하는 사람의 마음을 말하는 것이 아니라, 지식의 샘에 대해 개방되어 있었고 어느 정도 [생각할 수 있는 지적] 능력들을 발휘할 수 있도록 교육 받은 그런 마음은, 그것을 둘러싼 모든 것에서 끊임없는 흥미의 원천을 발견한다. 자연, 예술의 성취, 시의 상상력, 역사적 사건들, 그리고 과거와 현재의 인간의 삶의 모습들과 이들의 미래에 대한 전망 등에서 말이다.

It is possible, indeed, to become indifferent to all this, and that too without having exhausted a thousandth part of it; but only when one has had from the beginning no moral or human interest in these things, and has sought in them only the gratification of curiosity.

사실 이 모든 것들에 대해 무관심해지는 것이 가능하다. 그것도 이들의 1,000분의

1만큼도 섭렵하지 않은 채로 말이다. 그러나, 이들에 대한 도덕적, 인간적 관심이 애초에 없었고, 오직 이들에서 호기심의 충족만을 추구했을 때만 그것이 가능할 것이다.

♠ Now there is absolutely no reason in the nature of things why an amount of mental culture sufficient to give an intelligent interest in these objects of contemplation, should not be the inheritance of every one born in a civilised country. As little is there an inherent necessity that any human being should be a selfish egotist, devoid of every feeling or care but those which centre in his own miserable individuality.

사실, 이러한 사유의 대상들에 대한 지적인 관심을 주기에 충분한 양의 정신적 문화가, 문명화된 국가에 태어나는 모두에게 주어지는 유산이 되지 못할 본질적 이유는 결코 존재하지 않는다. 마찬가지로, 어떤 인간도 자신의 비참한 개별성의 중심에 자리하는 것들 외에는 어떤 감정과 사랑도 느끼지 않는 이기적인 자기 중심적 인간이 되어야 할 내재적 필연성도 존재하지 않는다.

Something far superior to this is sufficiently common even now, to give ample earnest of what the human species may be made. Genuine private affections and a sincere interest in the public good, are possible, though in unequal degrees, to every rightly brought up human being.

이보다는 훨씬 우월한 무엇인가가 지금도 충분하게 널리 존재하여, 하나의 종(種)으로서 인간이 이룰 수 있는 높은 수준을 족히 가늠케 한다. 진실된 개인적 애정과, 공동의 선에 대한 진지한 관심은, 정도는 다를지라도 제대로 성장한 모든 인간에게 가능하다.

♠ In a world in which there is so much to interest, so much to enjoy, and so much also to correct and improve, every one who has this moderate amount of moral and intellectual requisites is capable of an existence which may be called enviable; and unless such a person, through bad laws, or subjection to the will of others, is denied the liberty to use the sources of happiness within his reach, he will not fail to find this enviable existence, if he escape the positive evils of life, the great sources of physical and mental suffering—such as indigence, disease, and the unkindness, worthlessness, or premature loss of objects of affection.

관심을 가져야 할 것들과 즐길 것들이 이렇게 많은, 또한 고치고 개선해야 할 것들이 이렇게 많은 세상에서, 도덕적·지적 필수 조건들을 어느 정도 갖추고 있는 사람들은 누구나 부러워할 만하다고 부를 수 있는 삶을 살 수 있다. 그런 사람이 나쁜 법 때문에 또는 다른 이들의 뜻에 굴종해야 하기 때문에, 도달할 수 있는 행복의 원천을 이용할 자유가 거부되지 않는 한, 바로 이 부러워할 만한 존재 양식을 반드시 찾을 것이다. 극심한 육체적·정신적 고통의 원인이 되는, 가난, 질병, 비정함, 가치 없음, 사랑하는 대상의 조기 상실 등, 삶에서 일어날 수 있는 나쁜 일들을 피한다면 말이다.

The main stress of the problem lies, therefore, in the contest with these calamities, from which it is a rare good fortune entirely to escape; which, as things now are, cannot be obviated, and often cannot be in any material degree mitigated. Yet no one whose opinion deserves a moment's consideration can doubt that most of the great positive evils of the world are in themselves removable, and will, if human affairs continue to improve, be in the end reduced within narrow limits.

따라서 이러한 재난들과의 대결이 문제의 중심이 된다. 이런 재난들은, 이들로부터 완전히 벗어나는 것은 매우 운이 좋은 경우일 뿐이고, 현재로서는 이들을 완전히 제거할 수도, 그리고 보통 상당한 정도로 완화할 수도 없다. 그러나 조금이라도 귀를 기울일 만한 의견을 가진 누구도, 세상의 거대하고 분명한 악의 대부분은 그 자체로서 제거할 수 있고, 인간사가 계속해서 개선된다면 종국에 가서는 크게 축소될 것이라는 것을 의심하지 않을 것이다.

Poverty, in any sense implying suffering, may be completely extinguished by the wisdom of society, combined with the good sense and providence of individuals. Even that most intractable of enemies, disease, may be indefinitely reduced in dimensions by good physical and moral education, and proper control of noxious influences; while the progress of science holds out a promise for the future of still more direct conquests over this detestable foe.

어떤 의미로도 고통을 수반하는 가난은, 사회의 지혜와 더불어 개인들의 현명한 판단과 근검으로, 완전히 제거될 수 있다. 인간이 가장 다루기 힘든 적인 질병마저도 현명한 건강 교육과 도덕 교육, 그리고 해로운 영향들의 적절한 통제를 통해서 끊임없이 그 차원이 줄어들 것이며, 또 한편으로는 과학의 진보가 장래 이 혐오스러운 적을 더 직접적으로 정복할 것이라는 희망을 주고 있다.

And every advance in that direction relieves us from some, not only of the chances which cut short our own lives, but, what concerns us still more, which deprive us of those in whom our happiness is wrapt up. As for vicissitudes of fortune, and other disappointments connected with worldly circumstances, these are principally the effect either of gross imprudence, of ill-regulated desires, or of bad or imperfect social institutions.

그리고 이런 방향으로의 모든 진보는 우리의 생명을 조기에 앗아가는 우연한 사건들, 또 더 중요하게는, 우리의 행복을 감싸고 있는 사랑하는 이들을 우리에게서 앗아가는 우연들의 일부로부터 우리를 해방시켜 줄 것이다. 삶의 흥망의 변화, 그리고 세상사와 연관된 다른 실망들에 대해서는, 이들은 주로, 무분별함이나 통제되지 못한 욕망, 그리고 잘못되었거나 불완전한 사회제도의 영향이라 하겠다.

♠ All the grand sources, in short, of human suffering are in a great degree, many of them almost entirely, conquerable by human care and effort; and though their removal is grievously slow—though a long succession of generations will perish in the breach before the conquest is completed, and this world becomes all that, if will and knowledge were not wanting, it might easily be made—yet every mind sufficiently intelligent and generous to bear a part, however small and unconspicuous, in the endeavour, will draw a noble enjoyment from the contest itself, which he would not for any bribe in the form of selfish indulgence consent to be without.

한마디로, 인간 고통의 모든 주요 원인들은 상당 부분, 그리고 그들 가운데 많은 것들은 거의 완벽하게, 인간의 보살핌과 노력으로 정복될 수 있다. 그리고 그 고통들을 제거하는 과정이 슬프도록 느리더라도—고통의 정복이 완성되고, 의지와 지식이 부족하지 않다면 쉽게 도달하게 할 수 있는 모든 목표에 이 세상이 도달하기 전에 수많은 세대가 그 간극에서 사라질지라도—아무리 작고 눈에 띄지 않는 부분일지언정,

이런 노력의 한 부분을 감당하려는 충분히 지적이고 넉넉한 마음을 가진 모든 사람들은, 그 투쟁 자체로부터 고귀한 즐거움을 발견할 것이며, 이기적 탐닉의 어떠한 형태의 뇌물을 준다 해도 그 즐거움을 포기하려 하지 않을 것이다. [복잡하지만 멋진 문장.]

And this leads to the true estimation of what is said by the objectors concerning the possibility, and the obligation, of learning to do without happiness. Unquestionably it is possible to do without happiness; it is done involuntarily by nineteen-twentieths of mankind, even in those parts of our present world which are least deep in barbarism; and it often has to be done voluntarily by the hero or the martyr, for the sake of something which he prizes more than his individual happiness.

그리하여 이러한 점은, 행복 없이 사는 것을 배울 수 있고, 또 그렇게 배워야 한다는 반대자들의 주장을 진정으로 평가할 수 있게 해 준다. 의심할 바 없이 행복 없이 사는 것은 가능하다. 현재 세상에서 야만으로부터 가장 많이 벗어난 지역에서조차, 스물이면 열 아홉의 사람들이 이런 행복 없는 삶을 비자발적으로 살아간다. 그리고 종종 영웅이나 순교자들은 그들이 개인의 행복보다 더 중요시하는 어떤 것을 위해 자발적으로 행복한 삶을 포기해야만 한다.

♠ But this something, what is it, unless the happiness of others or some of the requisites of happiness? It is noble to be capable of resigning entirely one's own portion of happiness, or chances of it: but, after all, this self-sacrifice must be for some end; it is not its own end; and if we are told that its end is not happiness, but virtue, which is better than happiness, I ask, would the sacrifice be made if the hero or martyr did not believe that it would earn for others immunity from similar sacrifices?

그러나 이 '어떤 것'이, 다른 이들의 행복이거나 행복의 어떤 기본 조건들이 아니면 무엇이란 말인가? 자신 몫의 행복 또는 그 행복의 가능성을 완전히 포기할 수 있음은 고귀한 것이다. 그러나 결국 이러한 자기 희생도 어떤 목적을 위한 것임이 틀림없다. 자기 희생은 그 자체가 목적이 아니다. 그리고 만일 그 목적이 행복이 아니라, 행복보다 더 좋은 것인 미덕이라고 누군가 우리에게 말한다면, 나는 다시 묻겠다. 영웅이나 순교자가 희생의 대가로 유사한 희생을 다른 사람들이 겪지 않게 된다는 것을 믿지 않는다면 그 희생이 이루어지겠는가?

Would it be made if he thought that his renunciation of happiness for himself would produce no fruit for any of his fellow creatures, but to make their lot like his, and place them also in the condition of persons who have renounced happiness?

만일 자신이 행복을 포기하는 것이 다른 누구를 위해서도 열매를 맺게 하지 않을 것이며, 오직 그들의 운명을 자신과 같이 만들어, 행복을 포기한 사람들의 상황에 그들을 놓이게 할 뿐이라면, 과연 그 희생이 이루어지겠는가?

All honour to those who can abnegate for themselves the personal enjoyment of life, when by such renunciation they contribute worthily to increase the amount of happiness in the world; but he who does it, or professes to do it, for any other purpose, is no more deserving of admiration than the ascetic mounted on his pillar. He may be an inspiriting proof of what men *can* do, but assuredly not an example of what they *should*.

그러한 포기를 통해서 이 세상의 행복을 증진시키는 데 가치 있게 공헌하는 경우에는, 스스로 삶의 개인적 즐거움을 부정할 줄 아는 사람들에게 모든 영광이 돌아가야 한다. 그러나 다른 목적을 위해서 그런 희생을 하는, 또는 희생을 하는 것이라고 공언하는 사람은 자신의 기둥 위에 올라가 있는 금욕주의자 이상의 찬사를 받을 자격이 없다. [기둥 위에 올라가 있는 금욕주의자란 초기 기독교에서 기둥 위에서 금식, 기도하며 설교하던 금욕주의자들, Stylites를 지칭한다.] 그런 사람은 사람의 능력으로서 할 수 있는 것을 보여주는 고무적인 증명이 될지 모르지만, 사람들이 따라야 할 모범은 분명 아니다.

♠ Though it is only in a very imperfect state of the world's arrangements that any one can best serve the happiness of others by the absolute sacrifice of his own, yet so long as the world is in that imperfect state, I fully acknowledge that the readiness to make such a sacrifice is the highest virtue which can be found in man. I will add, that in this condition of the world, paradoxical as the assertion may be, the conscious ability to do without happiness gives the best prospect of realising, such happiness as is attainable.

어떤 사람이 자신을 절대적으로 희생함으로써 다른 사람들의 행복을 가장 잘 증진시킬 수 있는 것은 세상의 돌아가는 양상이 아주 불완전한 경우에서만이라 하더라도, 세상이 그런 불완전한 상태에 있는 한, 그런 희생을 할 준비가 되어 있다는 것은 인간에게서 발견할 수 있는 최상의 미덕이라는 데 나는 전적으로 동의한다. 여기에 덧붙여, 세상의 이러한 조건 하에서는, 역설적인 주장일지는 모르나, 행복 없이도 살아갈 수 있는 의식적 능력은, 이런 상태에서 그나마 도달할 수 있는 행복을 실현할 최상의 가능성을 제공한다고 말하고 싶다.

♠ For nothing except that consciousness can raise a person above the chances of life, by making him feel that, let fate and fortune do their worst, they have not power to subdue him: which, once felt, frees him from excess of anxiety concerning the evils of life, and enables him, like many a Stoic in the worst times of the Roman Empire, to cultivate in tranquillity the sources of satisfaction accessible to him, without concerning himself about the uncertainty of their duration, any more than about their inevitable end.

왜냐하면 이 의식만이, 숙명과 운수가 최악으로 펼쳐지더라도, 이런 것들은 자신을 굴복시킬 힘이 없다는 것을 자각하게 해 줌으로써, 한 인간이 삶의 우연성을 초월하도록 고양시키기 때문이다. 이 의식은 일단 경험하게 되면, 그 사람을 삶의 나쁜 일들에 대한 과도한 불안으로부터 해방시키고, 로마 제국의 최악의 시대에 살던 많은 스토익들처럼, 고요함 속에서 그에게 가능한 만족의 원천들을 가꾸지만, 그것들[만족의 원천들]이 얼마나 오래 지속될지에 대한 불확실성이나 그것들도 결국 끝날 수밖에 없다는 사실에 대해 괘념치 않는다.

Meanwhile, let utilitarians never cease to claim the morality of self devotion as a possession which belongs by as good a right to them, as either to the Stoic or to the Transcendentalist. The utilitarian morality does recognise in human beings the power of sacrificing their own greatest good for the good of others. It only refuses to admit that the sacrifice is itself a good.

한편, 자기 헌신의 도덕은 스토익들이나 초월주의자들이 권리라도 되듯이 자기 것이라고 주장하듯, 공리주의자들도 자기의 소유물이라고 주장해도 무방할 것이다. 공리주의적 도덕은 인간에게는 다른 사람들의 선을 위해서 자신의 가장 큰 선을 희생하는 힘이 있다는 것을 인정한다. 오직 희생은 그 자체가 선이라는 점을 부인할 뿐이다.

A sacrifice which does not increase, or tend to increase, the sum total of happiness, it considers as wasted. The only self-renunciation which it applauds, is devotion to the happiness, or to some of the means of happiness, of others; either of mankind collectively, or of individuals within the limits imposed by the collective interests of mankind.

행복의 총합을 증가시키지 않거나, 또는 증가시키는 경향이 없는 희생은 낭비된 것으로 간주한다. 공리주의적 도덕이 찬양하는 유일한 자기 부정은 다른 이들의 행복, 또는 행복의 수단에의 헌신이다. 여기에서 다른 이들이란 인류 전체 집단, 또는 인류의 집단적 이익에 배치되지 않는 범위에서의 다른 개인들을 의미한다.

I must again repeat, what the assailants of utilitarianism seldom have the justice to acknowledge, that the happiness which forms the utilitarian standard of what is right in conduct, is not the agent's own happiness, but that of all concerned.

공리주의를 공격하는 사람들이 부당하게도 거의 인정하지 않는 다음의 사실을 다시 반복해야 할 것 같다. 어떤 행위가 옳은가에 대한 공리주의적 기준이 되는 행복은 행위자 자신의 행복이 아니라 관계된 모든 사람들의 행복이다.

As between his own happiness and that of others, utilitarianism requires him to be as strictly impartial as a disinterested and benevolent spectator. In the golden rule of Jesus of Nazareth, we read the complete spirit of the ethics of utility. To do as you would be done by, and to love your neighbour as yourself, constitute the ideal perfection of utilitarian morality.

자신의 행복과 다른 이들의 행복 사이에 대해서는, 공리주의는 행위자가 이해 관계가 없는 자비로운 구경꾼같이 엄격하게 공정할 것을 요구한다. 나사렛 예수의 황금률에서 우리는 공리주의 윤리의 정수를 읽을 수 있다. 다른 사람이 해 주었으면 하는 대로 행동하라는 계명과, 너의 이웃을 너 자신과 같이 사랑하라는 계명은 공리주의 도덕의 이상적인 완성이다.

♠ As the means of making the nearest approach to this ideal, utility would enjoin, first, that laws and social arrangements should place the happiness, or (as speaking practically it may be called) the interest, of every individual, as nearly as possible in harmony with the interest of the whole; and secondly, that education and opinion, which have so vast a power over human character, should so use that power as to establish in the mind of every individual an indissoluble association between his own happiness and the good of the whole; especially between his own happiness and the practice of such modes of conduct, negative and positive, as regard for the universal happiness prescribes; so that not only he may be unable to conceive the possibility of happiness to himself, consistently with conduct opposed to the general good, but also that a direct impulse to promote the general good may be in every individual one of the habitual motives of action, and the sentiments connected therewith may fill a large and prominent place in every human being's sentient existence.

이러한 이상에 가장 가깝게 도달하게 하기 위한 수단으로서, 효용은 우선, 법과 사회 제도는 모든 개인의 행복을, 또는 (현실적으로 말한다면) 이익을 전체의 이익과 최대한 조화를 이루도록 배치해야 한다고 명령한다. 두 번째로는, 교육과 여론은 사람의 품성에 엄청난 영향력을 발휘하기에, 자기 자신의 행복과 전체 선 사이에, (특히 자신의 행복과, 보편적 행복을 위한 부정적/긍정적 행위 방식의 실천 사이에) 끊을 수 없는 연상 작용을 모든 개인의 마음에 확고히 심어주는 데 그 영향력을 사용해야 할 것을 주문한다. [부정적/긍정적 행위 방식이라는 표현은, 해서는 안 된다는 '부정'의 의무와 해야 한다는 '긍정'의 의무를 말하고자 한 것 같다.] 그리하여, 보편적 선에 배치되는 행위를 하면서 자신의 행복을 누릴 수 있는 가능성은 생각조차 하지 못할 뿐 아니라, 보편적 선을 증진하려는 직접적 충동이 모든 개인에게 행위의 습관적 동기가 되며, 이와 관련된 정서들이 모든 인간의 지각적 존재함에 있어 크고 눈에 띄는 자리를 차지하도록 해야 할 것이다.

If the impugners of the utilitarian morality represented it to their own minds in this its true character, I know not what recommendation possessed by any other morality they could possibly affirm to be wanting to it; what more beautiful or more exalted developments of human nature any other ethical system can be supposed to foster, or what springs of action, not accessible to the utilitarian, such systems rely on for giving effect to their mandates.

만일 비판자들이 이러한 공리주의 도덕의 진정한 성격을 이해한다면, 다른 도덕률에 따른 어떤 행위의 방식이, 공리주의 도덕에는 결여되어 있다고 주장할 수 있을지 나는 모르겠다. 아울러, 다른 윤리 체계가 인간 본성의 어떤 더 아름답고 더 고양된 발전을 촉진하게끔 한다는 것인지, 또는 그러한 윤리 체계가 그들의 명령들이 효과를 가져오기 위해, 공리주의자들은 접근할 수 없는 어떤 행동의 동기들에 의존한다는 것인지 나는 알지 못한다.

The objectors to utilitarianism cannot always be charged with representing it in a discreditable light. On the contrary, those among them who entertain anything like a just idea of its disinterested character, sometimes find fault with its standard as being too high for humanity. They say it is exacting too much to require that people shall always act from the inducement of promoting the general interests of society.

반대자들이 공리주의를 항상 믿을 만한 것이 못되는 것으로 표현하고 있다고 말할 수는 없다. 오히려, 반대자들 가운데 공리주의의 편향성 없는 성격에 대해 그런대로 올바른 이해를 하고 있는 사람들은 종종 그 기준이 인류에게 너무 높다고 비판한다. 항상 사회의 일반 이익을 증진하고자 하는 동기에서 행동해야 한다는 것은 지나친 요구라는 것이다.

But this is to mistake the very meaning of a standard of morals, and confound the rule of action with the motive of it. It is the business of ethics to tell us what are our duties, or by what test we may know them; but no system of ethics requires that the sole motive of all we do shall be a feeling of duty; on the contrary, ninety-nine hundredths of all our actions are done from other motives, and rightly so done, if the rule of duty does not condemn them.

그러나 이는 도덕의 기준이라는 바로 그 의미를 오해하는 것이며, 행동의 규칙과 그 행동의 동기를 혼동하는 것이다. 우리의 의무가 무엇이며, 그 의무를 어떤 시험을 통해 알 수 있는가를 말해 주는 것이 윤리가 하는 일이다. 그러나 우리가 하는 모든 일의 유일한 동기가 의무감이어야 한다고 요구하는 윤리 체계는 없다. 오히려, 우리 행동의 100이면 99는 다른 동기에서 행해지며, 의무의 기준이 그 행동을 비난하지 않는다면 올바르게 행동한 것이다.

It is the more unjust to utilitarianism that this particular misapprehension should be made a ground of objection to it, inasmuch as utilitarian moralists have gone beyond almost all others in affirming that the motive has nothing to do with the morality of the action, though much with the worth of the agent.

공리주의 도덕가들이 동기는, 행위자의 [인간으로서의] 가치와는 관계가 많을지라도, 행동의 도덕성과는 아무 관계가 없다는 것을 다른 누구보다 더 주장해 왔다는 점을 생각한다면, 이런 오해를 반대의 근거로 삼는 것은 공리주의에 더 불공평하다고 하겠다.

He who saves a fellow creature from drowning does what is morally right, whether his motive be duty, or the hope of being paid for his trouble; he who betrays the friend that trusts him, is guilty of a crime, even if his object be to serve another friend to whom he is under greater obligations.

물에 빠진 사람을 구한 사람은, 그의 동기가 의무감이었든, 수고에 대한 대가를 바란 것이었든 도덕적으로 옳은 일을 한 것이다. 자기를 신뢰하는 친구를 배신한 사람은, 그의 목적이 섬겨야 할 더 큰 의무가 있는 다른 친구를 위한 것이라 하더라도, 죄를 저지른 것이다.

But to speak only of actions done from the motive of duty, and in direct obedience to principle: it is a misapprehension of the utilitarian mode of thought, to conceive it as implying that people should fix their minds upon so wide a generality as the world, or society at large.

그러나 의무감의 동기에서 행해진 그리고 원칙을 그대로 따르는 행위에 국한해서 이야기할 때, 사람들이 세상 또는 사회 전반과 같이 일반화된 넓은 대상에 그들의 주의를 고정해야 한다는 것으로 이해한다면, 이는 공리주의적 사고의 방식을 오해한 것이다.

The great majority of good actions are intended not for the benefit of the world, but for that of individuals, of which the good of the world is made up; and the thoughts of the most virtuous man need not on these occasions travel beyond the particular persons concerned, except so far as is necessary to assure himself that in benefiting them he is not violating the rights, that is, the legitimate and authorised expectations, of any one else.

올바른 행동의 대다수는 세상의 혜택보다는, 그것들로 세상의 선이 구성되는, 개인의 혜택을 겨냥한 것이다. 그리고 이러한 경우 가장 고결한 사람의 생각도, 관계된 특정한 사람들을 이롭게 하기 위해서 그 밖의 사람들의 권리를, 즉 정당하고 허락된 기대를 위반하지 않는다고 확신하기에 필요한 정도만을 제외하고는, 그 특정한 사람들의 범위를 벗어날 필요가 없다.

The multiplication of happiness is, according to the utilitarian ethics, the object of virtue: the occasions on which any person (except one in a thousand) has it in his power to do this on an extended scale, in other words to be a public benefactor, are but exceptional; and on these occasions alone is he called on to consider public utility; in every other case, private utility, the interest or happiness of some few persons, is all he has to attend to. Those alone the influence of whose actions extends to society in general, need concern themselves habitually about so large an object.

공리주의 윤리에 따르면 행복의 증식이 미덕의 목적이다. (천에 하나라 할 예외적 경우를 제외하고) 어떤 사람이 확장된 범위에서 행복을 증식할 힘을 가지고 있는 경우는, 즉 공적인 자선가가 되는 경우는 예외일 뿐이며, 이런 경우에만 공적 효용을 고려해야 할 것이 요구된다. 모든 다른 경우에는 몇몇 소수의 사적 효용, 이익 또는 행복만이 그가 주의를 기울여야 할 모든 대상이다. 그들 행위의 영향이 사회 일반으로 확대되는 그런 사람들만이 넓은 범위의 목적에 습관적으로 관심을 가질 필요가 있다.

In the case of abstinences indeed—of things which people forbear to do from moral considerations, though the consequences in the particular case might be beneficial – it would be unworthy of an intelligent agent not to be consciously aware that the action is of a class which, if practised generally, would be generally injurious, and that this is the ground of the obligation to abstain from it. The amount of regard for the public interest implied in this recognition, is no greater than is demanded by every system of morals, for they all enjoin to abstain from whatever is manifestly pernicious to society.

실제로 절제의 경우, 즉 특별한 경우에 그 결과가 유익할 수 있으나 도덕적 고려 때문에 사람들이 자제하여 행하지 않는 경우, 그 행위가 일반적으로 행해진다면 해로운 결과를 초래하는 그러한 행위의 범주에 속한다는 것을, 그래서 하지 말아야 할 의무의 근거가 된다는 것을 알지 못한다면 지적인 행위자라 불릴 자격이 없다. [절제의 경우에도 사회적 효용이라는 넓은 범위로 생각하는 것이 적절하다는 의미.] 이러한 인식에 함축된 공공의 이익에 대한 배려는, 모든 도덕 체계에 의해 요구되는 것보다 [공리주의에서] 더 많다고 할 수 없는데, 어떤 도덕 체계도 사회에 분명히 해로운 것은 자제할 것을 명령하고 있기 때문이다.

The same considerations dispose of another reproach against the doctrine of utility, founded on a still grosser misconception of the purpose of a standard of morality, and of the very meaning of the words right and wrong. It is often affirmed that utilitarianism renders men cold and unsympathising; that it chills their moral feelings towards individuals; that it makes them regard only the dry and hard consideration of the consequences of actions, not taking into their moral estimate the qualities from which those actions emanate.

효용의 신조에 대한 다음의 또 다른 비판은, 도덕적 기준의 목적과 선과 악이라는 말의 의미에 대한 더욱 잘못된 오해에 기반을 두고 있는 바, 위에서와 동일한 고려에 의해서 기각된다. 공리주의가 인간을 차갑고 동정심 없게 만든다고 종종 주장된다. 개인들을 향한 도덕적 감정을 얼어붙게 만들며, 어떤 행위의 원인이 되는 특징들을 도덕적 평가에서 제외하면서 오직 행위의 결과에 대해서만 건조하고 엄격하게 평가하게 만든다는 것이다.

If the assertion means that they do not allow their judgment respecting the rightness or wrongness of an action to be influenced by their opinion of the qualities of the person who does it, this is a complaint not against utilitarianism, but against having any standard of morality at all; for certainly no known ethical standard decides an action to be good or bad because it is done by a good or a bad man, still less because done by an amiable, a brave, or a benevolent man, or the contrary.

만일 이 주장이, 공리주의자들은 행위자의 인간됨에 대한 그들의 의견에 의해서 행위의 옳고 그름에 대한 평가가 영향받지 않도록 한다는 것을 의미한다면, 이는 공리주의에 대한 불만이 아니라, 도덕의 기준을 가진다는 사실 자체에 대한 불만이 된다. 왜냐하면 알려진 어떤 윤리 기준도 행위의 옳고 그름을, 그것을 좋은 사람이 했는지 또는 나쁜 사람이 했는지에 따라 결정하지 않으며, 더더욱 친근함을 주는 사람이 했는지, 용감한 사람이 했는지, 자비로운 사람이 했는지, 또는 그 반대의 사람이 했는지에 따라 판단하지 않기 때문이다.

These considerations are relevant, not to the estimation of actions, but of persons; and there is nothing in the utilitarian theory inconsistent with the fact that there are other things which interest us in persons besides the rightness and wrongness of their actions. The Stoics, indeed, with the paradoxical misuse of language which was part of their system, and by which they strove to raise themselves above all concern about anything but virtue, were fond of saying that he who has that has everything; that he, and only he, is rich, is beautiful, is a king.

행위의 평가가 아니라 인간됨의 평가에 있어서는 이러한 고려가 적절하다. 그리고 행위의 옳고 그름 외에도 사람들에게 우리의 관심을 끄는 다른 측면이 있다는 사실은, 공리주의 이론의 어떤 주장과도 충돌함이 없다. 사실 스토익들은, 그들 사상 체계의 한 부분이었던 언어의 역설적 오용의 용법으로, (그러한 언어의 역설적 오용에 의지해 미덕을 제외한 다른 모든 관심으로부터 초월하려 노력하였는데) 미덕을 가진 사람은 모든 것을 가진 것이고, 오직 그 사람만이 부유하고 아름다우며 진정한 왕이라고 말하기를 즐겨했다.

But no claim of this description is made for the virtuous man by the utilitarian doctrine. Utilitarians are quite aware that there are other desirable possessions and qualities besides virtue, and are perfectly willing to allow to all of them their full worth. They are also aware that a right action does not necessarily indicate a virtuous character, and that actions which are blamable, often proceed from qualities entitled to praise.

그러나 공리주의 신조는 미덕을 갖춘 사람에게 이러한 묘사를 하지 않는다. 공리주의자들은 미덕 외에도 다른 바람직한 (사람이 갖출 수 있는) 장점과 특징들이 있다는 것을 잘 알고 있으며, 이런 모든 것들에게 그들의 온전한 가치를 완전히 인정하려 한다. 공리주의자들은 또한 옳은 행동이 반드시 훌륭한 인격을 의미하지는 않으며, 비난받을 행동이 찬양을 받을 만한 품성으로부터 종종 나온다는 것을 잘 알고 있다.

When this is apparent in any particular case, it modifies their estimation, not certainly of the act, but of the agent. I grant that they are, notwithstanding, of opinion, that in the long run the best proof of a good character is good actions; and resolutely refuse to consider any mental disposition as good, of which the predominant tendency is to produce bad conduct.

어떤 경우에 이런 사실이 드러난다면, 그것은 분명 행위가 아니라 행위자에 대한 [공리주의자들의] 평가를 변화시킨다. 그럼에도 불구하고 공리주의자들이 장기적으로 좋은 품성에 대한 최선의 증거는 좋은 행위라는 의견을 가지고 있으리라는 점을, 그리고 주로 나쁜 행동을 만들어 내는 그런 정신적 성향을 좋은 성향이라고 절대 간주하지 않으리라는 점을 나는 인정한다.

This makes them unpopular with many people; but it is an unpopularity which they must share with every one who regards the distinction between right and wrong in a serious light; and the reproach is not one which a conscientious utilitarian need be anxious to repel.

이러한 점 때문에 공리주의자들은 많은 사람들로부터 외면된다. 그러나 이러한 외면은 선과 악의 구분을 심각하게 고려하려는 모든 이들과 함께 감수해야 하는 것이며, 양심적인 공리주의자라면 물리치려 애쓸 필요가 있는 비난이 아니다.

If no more be meant by the objection than that many utilitarians look on the morality of actions, as measured by the utilitarian standard, with too exclusive a regard, and do not lay sufficient stress upon the other beauties of character which go towards making a human being lovable or admirable, this may be admitted.

공리주의에 대한 반대가, 많은 공리주의자들이 행위의 도덕성을 공리적 기준으로 측정할 때, 이 기준을 과도하게 배타적인 기준으로 삼으며, 인간을 더 사랑스럽고 더 찬양할 만한 존재로 만드는 다른 인간 성품의 아름다움들을 충분히 강조하지 않는다는 지적이라면, 그 지적은 받아들일 만하다.

Utilitarians who have cultivated their moral feelings, but not their sympathies nor their artistic perceptions, do fall into this mistake; and so do all other moralists under the same conditions. What can be said in excuse for other moralists is equally available for them, namely, that, if there is to be any error, it is better that it should be on that side.

도덕적 감성은 개발해 왔지만, 공감 능력이나 예술적 감수성을 개발하지 않은 공리주의자들은 그러한 실수에 빠진다. 또한 같은 조건의 모든 다른 도덕가들도 마찬가지다. 다른 도덕가들을 위한 변명은 공리주의자들에게도 마찬가지로 적용된다. 즉, 오류가 존재할 수밖에 없다면, 그 쪽의 오류가 더 낫다는 것이다. [인간 품성의 아름다움들을 강조하다가 도덕성을 무시하는 것보다는 그 반대가 낫다는 의미.]

As a matter of fact, we may affirm that among utilitarians as among adherents of other systems, there is every imaginable degree of rigidity and of laxity in the application of their standard: some are even puritanically rigorous, while others are as indulgent as can possibly be desired by sinner or by sentimentalist.

사실, 다른 체계의 추종자들 사이에서와 마찬가지로 공리주의자들 사이에도 그들의 기준을 적용함에 있어서 엄격함이나 이완함의 모든 생각할 수 있는 정도의 차이가 존재한다는 것을 인정할 수 있다. 즉, 어떤 이들은 청교도같이 엄격하고, 어떤 이들은 죄인이나 감상주의자에게서나 가능할 정도로 느슨하다.

♠ But on the whole, a doctrine which brings prominently forward the interest that mankind have in the repression and prevention of conduct which violates the moral law, is likely to be inferior to no other in turning the sanctions of opinion against such violations.

그러나 전체적으로, 도덕적 법칙을 위반하는 행위를 막고 예방하는 일에 있어 인류가 가지는 이익을 눈에 띄게 강조하는 하나의 신조는, 여론의 제재가 그런 위반을 억제하도록 작용하게 하는 면에서, 다른 무엇과 비교해도 열등하지 않을 것 같다.

It is true, the question, What does violate the moral law? is one on which those who recognise different standards of morality are likely now and then to differ. But difference of opinion on moral questions was not first introduced into the world by utilitarianism, while that doctrine does supply, if not always an easy, at all events a tangible and intelligible mode of deciding such differences.

사실 '무엇이 도덕적 법칙을 위반하는가'라는 질문에 대해서는 도덕의 다른 기준들을 주장하는 사람들이 예나 지금이나 서로 다른 대답을 할 것이다. 그러나 도덕적 문제에 대한 의견의 차이가 공리주의에 의해 세상에 처음 소개되었던 것은 아니다. 공리주의 신조는, 항상 쉬운 방법은 아니더라도, 어찌되었건 그런 차이점들을 판단하는 구체적이고 지성적인 방법을 제공한다 하겠다.

♠ It may not be superfluous to notice a few more of the common misapprehensions of utilitarian ethics, even those which are so obvious and gross that it might appear impossible for any person of candour and intelligence to fall into them; since persons, even of considerable mental endowments, often give themselves so little trouble to understand the bearings of any opinion against which they entertain a prejudice, and men are in general so little conscious of this voluntary ignorance as a defect, that the vulgarest misunderstandings of ethical doctrines are continually met with in the deliberate writings of persons of the greatest pretensions both to high principle and to philosophy.

공리주의에 대한 흔한 오해 몇 가지를, 너무도 분명하고 터무니 없어 솔직함과 지성을 가진 사람이 빠지는 것이 불가능해 보이는 그런 오해마저 포함하여, 더 살펴보는 것이 필요할 수 있겠다. 왜냐하면 상당한 지적 능력을 타고난 사람들을 포함해서 대부분의 사람들은 그들이 오해하고 있는 의견의 의미나 중요성을 이해하기 위해서 거의 노력하지 않기에, 그리고 사람들은 일반적으로 이 자발적인 무지를 결점으로 거의 인식하지 않기에, 그 결과 윤리의 신조들에 대한 천박한 오해가, 고상한 원칙과 철학의 위세를 뽐내는 사람들의 신중한 글에서도 계속 발견되기 때문이다.

We not uncommonly hear the doctrine of utility inveighed against as a *godless* doctrine. If it be necessary to say anything at all against so mere an assumption, we may say that the question depends upon what idea we have formed of the moral character of the Deity.

우리는 공리주의가 무신론적 신조라고 비난되는 것을 심심치 않게 듣는다. 이렇게 하찮은 의견에 대해서 어떻게든 대꾸해야 할 필요가 있는 것이라면, 문제는 신의 도덕적 성격에 대해서 우리가 어떤 개념을 가지고 있는가에 달려있다고 할 수 있다.

If it be a true belief that God desires, above all things, the happiness of his creatures, and that this was his purpose in their creation, utility is not only not a godless doctrine, but more profoundly religious than any other.

신이 그의 창조물들의 행복을 무엇보다도 바라고, 그것이 그들을 창조한 목적이라는 것이 진실된 믿음이라면, 공리주의는 무신론적 사상이 아닐 뿐 아니라 다른 어떤 사상보다 더 심오하게 종교적이라 하겠다.

If it be meant that utilitarianism does not recognise the revealed will of God as the supreme law of morals, I answer, that a utilitarian who believes in the perfect goodness and wisdom of God, necessarily believes that whatever God has thought fit to reveal on the subject of morals, must fulfil the requirements of utility in a supreme degree.

무신론이라는 주장이, 공리주의는 신의 계시된 의지를 최고의 도덕 법칙으로서 인정하지 않는다는 것을 의미하는 것이라면, 신의 완전한 선함과 지혜를 믿는 공리주의자라면, 신이 도덕이라는 주제에 관해 계시할 만하다고 생각하는 무엇이라도, 공리주의의 필요 조건을 완벽할 정도로 충족시켜야 한다는 것을 필연적으로 믿을 것이라고 나는 대답하겠다.

♠ But others besides utilitarians have been of opinion that the Christian revelation was intended, and is fitted, to inform the hearts and minds of mankind with a spirit which should enable them to find for themselves what is right, and incline them to do it when found, rather than to tell them, except in a very general way, what it is; and that we need a doctrine of ethics, carefully followed out, to *interpret* to us the will of God.

그러나 공리주의자들 외의 다른 사람들도, 기독교적 계시는, 무엇이 옳은지 스스로 찾을 수 있게 하고, 그것을 찾았을 때는 그것을 행하도록 마음을 움직이는 영혼으로 사람들의 가슴과 마음에 알리려고 의도되었고 또 그에 적합한 것이지, 무엇이 옳은 것인지 구체적으로 말해주려는 것이 아니었다는, 그리고 우리에게 신의 뜻을 해석해 줄, 조심스레 따라야 하는, 윤리 신조가 필요하다는 의견을 견지해 왔다.

♠ Whether this opinion is correct or not, it is superfluous here to discuss; since whatever aid religion, either natural or revealed, can afford to ethical investigation, is as open to the utilitarian moralist as to any other. He can use it as the testimony of God to the usefulness or hurtfulness of any given course of action, by as good a right as others can use it for the indication of a transcendental law, having no connection with usefulness or with happiness.

이러한 의견이 맞는 것인지를 여기에서 논하는 것은 불필요하다. 윤리적 탐구에서, 자연 종교든 계시 종교든, 종교가 줄 수 있는 어떠한 도움도 다른 도덕가의 경우와 마찬가지로 공리주의 도덕가에게도 열려 있다. 그 도움을 다른 도덕가들이 유용함이나 행복과 무관하게 어떤 초월적 법칙을 보여 주는 것으로 사용할 권리가 있는 것처럼, 공리주의 도덕가도 행동의 어떤 주어진 방식의 유용함이나 해로움에 대한 신의 증언으로 사용할 권리가 있다.

Again, Utility is often summarily stigmatised as an immoral doctrine by giving it the name of Expediency, and taking advantage of the popular use of that term to contrast it with Principle. But the Expedient, in the sense in which it is opposed to the Right, generally means that which is expedient for the particular interest of the agent himself; as when a minister sacrifices the interests of his country to keep himself in place.

효용에 '편의'라는 이름을 부여함으로써, 또한 '원칙'과 대비되는 개념으로 대중적으로 사용된다는 점을 이용하여, 효용은 부도덕한 신조라며 종종 [인민 재판에서처럼] 약식으로 낙인 찍히기도 한다. 그러나 '옳음'과 대비되는 의미에서의 '편의'는 일반적으로 행위자 자신의 특정 이익에 편리한 것을 의미한다. 마치 어떤 장관이 자리를 유지하려고 국가의 이익을 희생하는 때처럼 말이다.

♠ When it means anything better than this, it means that which is expedient for some immediate object, some temporary purpose, but which violates a rule whose observance is expedient in a much higher degree. The Expedient, in this sense, instead of being the same thing with the useful, is a branch of the hurtful. Thus, it would often be expedient, for the purpose of getting over some momentary embarrassment, or attaining some object immediately useful to ourselves or others, to tell a lie.

'편의'라는 말이 이보다는 좀 나은 것을 의미할 때는, 이는 어떤 눈앞의 목표나 일시적인 목적에는 편의적이지만, 준수하는 것이 훨씬 더 높은 정도로 편의적인, 어떤 규칙을 위배하는 것을 의미한다. 이러한 의미에서의 '편의'는 '유용하다'는 것과 동일하지 않은, 오히려 '해롭다'는 범주에 속한다. 따라서 순간의 당황함을 극복하려는 목적으로, 또는 우리 자신이나 다른 사람들에게 즉각적으로 유용한 어떤 목적을 이루기 위해 거짓말을 하는 것은 종종 [이런 의미로] '편의적'이다.

♠ But inasmuch as the cultivation in ourselves of a sensitive feeling on the subject of veracity, is one of the most useful, and the enfeeblement of that feeling one of the most hurtful, things to which our conduct can be instrumental; and inasmuch as any, even unintentional, deviation from truth, does that much towards weakening the trustworthiness of human assertion, which is not only the principal support of all present social well-being, but the insufficiency of which does more than any one thing that can be named to keep back civilisation, virtue, everything on which human happiness on the largest scale depends; we feel that the violation, for a present advantage, of a rule of such transcendent expediency, is not expedient, and that he who, for the sake of a convenience to himself or to some other individual, does what depends on him to deprive mankind of the good, and inflict upon them the evil, involved in the greater or less reliance which they can place in each other's word, acts the part of one of their worst enemies.

그러나 진실됨에 대한 예민한 감성을 우리 안에 개발하는 것이 가장 유용한 일이며, 반대로 그런 감성을 약하게 하는 것이 가장 해로운 일이라는 것을 고려하면 (한편, 우리의 행동이 이러한 일에 도구가 될 수 있다.); 또한, 진실로부터의 일탈은, 의도하지 않았을 때조차, 인간의 신뢰성을 약하게 하는 데 큰 역할을 한다는 것을 고려한다면 (한편, 이 신뢰성은, 가장 큰 범위의 인간 행복이 의존하는 모든 것이라 할 미덕으로서, 현재의 모든 사회적 복리의 기본적 지지대일 뿐 아니라, 그것의 결핍은 문명을 퇴보하게 하는 데 다른 무엇보다 더 큰 영향을 미친다.); 현재의 이득을 위해서 그런 초월적 편의의 규칙을 위배하는 것은, 편의적인 것이 아니라고 생각하며, 자기 자신이나 다른 개인의 편의를 위해서 (인류가 다른 사람들의 말에 부여할 수 있는 신뢰를 더 크게 또는 작게 함과 관련하여) 선을 빼앗고 악을 입히기 위해, 자신이 통제할 수 있는 일을 실행하는 사람은, 인류의 가장 못된 적의 역할을 하는 것이라고 생각한다. [문장 구조의 파악이 무엇보다 중요한, 만연체의 정수.]

Yet that even this rule, sacred as it is, admits of possible exceptions, is acknowledged by all moralists; the chief of which is when the withholding of some fact (as of information from a malefactor, or of bad news from a person dangerously ill) would save an individual (especially an individual other than oneself) from great and unmerited evil, and when the withholding can only be effected by denial.

그러나 이 규칙도, 신성한 것이기는 하지만, 예외가 적용될 수 있다는 것을 모든 도덕가들이 인정한다. 주된 예외는 어떤 사실을 감추는 것이 (해를 끼치려는 사람에게 어떤 사실을 감추거나, 위중한 병을 앓고 있는 사람에게 나쁜 소식을 감추는 것과 같은) 크고 부당한 악으로부터 어떤 사람을 (특히 자기 자신보다는 다른 사람을) 구할 수 있는데, 사실의 숨김이 오로지 부인에 의해서만 가능할 때이다.

But in order that the exception may not extend itself beyond the need, and may have the least possible effect in weakening reliance on veracity, it ought to be recognised, and, if possible, its limits defined; and if the principle of utility is good for anything, it must be good for weighing these conflicting utilities against one another, and marking out the region within which one or the other preponderates.

그러나 그러한 예외가 필요한 범위를 벗어나지 않게 하고, 진실됨에의 의존을 약화시키는 데 최소의 영향만을 미치게 하기 위해서는, 예외라는 것이 인식되어야 하고, 가능하다면 예외의 한계가 규정되어야 한다. 그리고 효용의 원칙이 어떤 장점이 있다면, 그 장점은 이렇게 서로 충돌하는 효용들을 측정하고, 어떤 것이 다른 것보다 더 중요하게 되는 영역을 분명히 하는 데 분명 유용할 것이라는 점이다.

Again, defenders of utility often find themselves called upon to reply to such objections as this—that there is not time, previous to action, for calculating and weighing the effects of any line of conduct on the general happiness. This is exactly as if any one were to say that it is impossible to guide our conduct by Christianity, because there is not time, on every occasion on which anything has to be done, to read through the Old and New Testaments.

다음으로, 효용의 옹호자들은 종종 다음과 같은 비판에 대응해야 하기도 한다. 즉 행동에 앞서, 그 행동이 일반 행복에 미치는 영향들을 계산하고 비교할 시간이 없다는 것이다. 이는 어떤 행동을 해야 할 때마다 신약과 구약을 뒤져볼 시간이 없기 때문에, 기독교에 따라 우리의 행동을 인도하는 것이 불가능하다고 말하려는 것과 같다. [여기에서, 그리고 이하에서 general happiness는 '일반 행복'으로 번역하기로 한다. 개인의 행복만이 아니라 '사회 전체의 행복' 또는 '최대 다수의 행복'을 의미한다.]

The answer to the objection is, that there has been ample time, namely, the whole past duration of the human species. During all that time, mankind have been learning by experience the tendencies of actions; on which experience all the prudence, as well as all the morality of life, is dependent.

이러한 비판에 대한 대답은, 인류의 지나온 모든 과정이라는 충분한 시간이 있었다는 사실이다. 그 모든 시간 동안 인류는 경험을 통해서 행동의 경향들[어떤 행동이 어떤 결과를 가져오는 경향들]을 배워온 바, 그 경험에 모든 신중함과 삶의 모든 도덕이 의존하고 있다.

People talk as if the commencement of this course of experience had hitherto been put off, and as if, at the moment when some man feels tempted to meddle with the property or life of another, he had to begin considering for the first time whether murder and theft are injurious to human happiness. Even then I do not think that he would find the question very puzzling; but, at all events, the matter is now done to his hand.

사람들은 마치 이러한 경험의 과정의 시작이 지금껏 미루어져 온 것처럼, 그래서 어떤 사람이 다른 이의 재산이나 목숨을 빼앗고 싶은 유혹을 느끼는 순간, 살인과 절도가 인간의 행복에 해가 된다는 것을 처음으로 고려하기 시작해야 하는 것처럼 이야기한다. 설사 그렇다 하더라도, 그에게 그 질문이 그렇게 어려울 것이라고 생각하지 않는다. 그러나 어쨌든, 이 문제는 이미 그의 손으로 떠났다. [그런 행위가 옳지 않다는 것은 이미 알고 있는데, 실행의 여부는 그가 결정해야 한다는 뜻이 아닐까 한다. 불분명.]

It is truly a whimsical supposition that, if mankind were agreed in considering utility to be the test of morality, they would remain without any agreement as to what *is* useful, and would take no measures for having their notions on the subject taught to the young, and enforced by law and opinion.

인류가 효용을 도덕의 기준으로 삼는 것에 의견의 일치를 보았다고 하더라도, 무엇이 유용하다는 것에 대해 여전히 일치하지 않을 것이고, 이 주제에 대한 그들의 생각을 젊은이들에게 가르치거나 법과 여론으로 강제하도록 하는 조치를 취하지 않을 것이라고 생각하는 것은 정말 변덕스러운 주장이다.

There is no difficulty in proving any ethical standard whatever to work ill, if we suppose universal idiocy to be conjoined with it; but on any hypothesis short of that, mankind must by this time have acquired positive beliefs as to the effects of some actions on their happiness; and the beliefs which have thus come down are the rules of morality for the multitude, and for the philosopher until he has succeeded in finding better.

어떠한 윤리적 기준도, 세상 사람들이 보편적으로 어리석다고 가정할 때에는, 제대로 작동하지 않는다는 것을 증명하기는 어렵지 않다. 그러나 이렇게 강한 가정[사람들이 보편적으로 어리석다는]보다는 덜한 어떤 가정 하에서도, 인류는 이제쯤이면 어떤 행동들이 행복에 미치는 영향에 대해서 확실한 믿음을 획득했음이 틀림없고, 그렇게 내려온 믿음들은 다수의 도덕률이고, 더 나은 믿음을 발견하기 전까지는, 철학자의 도덕률이기도 하다.

♠ That philosophers might easily do this, even now, on many subjects; that the received code of ethics is by no means of divine right; and that mankind have still much to learn as to the effects of actions on the general happiness, I admit, or rather, earnestly maintain. The corollaries from the principle of utility, like the precepts of every practical art, admit of indefinite improvement, and, in a progressive state of the human mind, their improvement is perpetually going on.

철학자들이 많은 주제에 대해서 더 나은 [특정 행동이 행복에 미치는 영향에 대한] 믿음을 지금도 어렵지 않게 찾을 수 있다는 것을, 그리고 일반적으로 받아들여지는 윤리 규정은 결코 신성불가침이 아니라는 것을, 그리고 인류는 특정 행위가 일반 행복에 미치는 영향에 대해 배울 것이 아직 많다는 것을 나는 인정하며, 더 나아가 진심으로 주장한다. 효용 원칙으로부터의 추론들은, 모든 실용적인 기술의 수칙들과 마찬가지로, 끊임없는 개선이 가능하며, 인간 정신이 진보하는 상태에서는 그들의 개선은 영구히 지속될 것이다.

But to consider the rules of morality as improvable, is one thing; to pass over the intermediate generalisations entirely, and endeavour to test each individual action directly by the first principle, is another. It is a strange notion that the acknowledgment of a first principle is inconsistent with the admission of secondary ones.

그러나 도덕의 기준들이 개선 가능하다고 생각하는 것과, 중간 과정의 일반화를 모두 뛰어 넘어 하나하나의 개별 행동들을 첫째 원칙으로 직접 테스트하려고 하는 것은 다른 이야기다. 첫째 원칙의 인정이 부수적 원칙들의 존재를 인정하는 것과 모순이 된다고 생각하는 것은 이상한 논리다.

To inform a traveller respecting the place of his ultimate destination, is not to forbid the use of landmarks and direction-posts on the way. The proposition that happiness is the end and aim of morality, does not mean that no road ought to be laid down to that goal, or that persons going thither should not be advised to take one direction rather than another. Men really ought to leave off talking a kind of nonsense on this subject, which they would neither talk nor listen to on other matters of practical concernment.

여행자에게 최종 목적지를 알려 주는 일이, 가는 길에 있는 지형 지물이나 방향 표시를 이용해서는 안 된다고 금지하는 것은 아니다. 행복이 도덕의 목적이고 지향점이라는 명제는 그 목표를 향해 어떤 길도 놓여서는 안 된다거나, 거기에 가는 사람에게 다른 길이 아니라 이 길로 가야 한다고 조언해서는 안 된다는 것을 의미하지 않는다. 사람들은 정말, 다른 실제적인 주요 문제에 있어서는 말하지도 듣지도 않을, 이 주제에 대한 난센스를 그만두어야 한다.

Nobody argues that the art of navigation is not founded on astronomy, because sailors cannot wait to calculate the Nautical Almanack. Being rational creatures, they go to sea with it ready calculated; and all rational creatures go out upon the sea of life with their minds made up on the common questions of right and wrong, as well as on many of the far more difficult questions of wise and foolish. And this, as long as foresight is a human quality, it is to be presumed they will continue to do.

항해자들이 항해력을 계산할 때까지 기다릴 수 없다고 해서, 항해술이 천문학에 기반을 두고 있지 않다고 아무도 주장하지 않는다. 합리적 존재이기에, 그들은 그것을 이미 계산해 두고 바다로 나아간다. 그리고 모든 합리적 존재들은 선과 악이라는 공통의 질문들에 대해, 그리고 나아가 현명하고 어리석음에 관한 훨씬 어려운 질문에 대해, 자신들의 마음을 정해 놓은 채 인생이라는 바다로 나간다. 그리고 예측력이 인간이 가진 하나의 능력인 한, 그들은 계속 이같이 할 것이라고 우리는 간주할 수 있다.

♠ Whatever we adopt as the fundamental principle of morality, we require subordinate principles to apply it by; the impossibility of doing without them, being common to all systems, can afford no argument against any one in particular; but gravely to argue as if no such secondary principles could be had, and as if mankind had remained till now, and always must remain, without drawing any general conclusions from the experience of human life, is as high a pitch, I think, as absurdity has ever reached in philosophical controversy.

우리가 도덕의 근본 원칙으로서 무엇을 채택하든, 그 원칙을 적용하기 위해, 의존할 보조 원칙들이 필요하다. 보조 원칙들 없이 도덕 체계를 세우는 것은 불가능하다는 사실은 다른 모든 도덕 체계에서도 마찬가지이므로, 이 사실이 어떤 특별한 도덕 체계에 대해서 반대의 근거로 사용될 수는 없다. 그런 부수적 원칙들은 있을 수 없으며, 인류는 지금껏 삶의 경험으로부터 어떤 일반적인 결론들도 도출하지 못해 왔고 앞으로도 그럴 것이라는 듯 심각히 반박하는 것은, 철학적 논쟁에서 도달할 수 있는 터무니 없는 주장의 최고봉이라고 나는 생각한다.

The remainder of the stock arguments against utilitarianism mostly consist in laying to its charge the common infirmities of human nature, and the general difficulties which embarrass conscientious persons in shaping their course through life. We are told that a utilitarian will be apt to make his own particular case an exception to moral rules, and, when under temptation, will see a utility in the breach of a rule, greater than he will see in its observance.

공리주의를 향한 나머지 상투적 반박들은 대부분, 흔히 보는 인간 본성의 유약함이나, 인생을 살아가는 데 있어 양심적인 사람들을 당황케 하는 일반적 어려움들을 공리주의를 비난하는 데 사용하는 것들이다. 공리주의자는 자신이 처한 특별한 상황을 도덕 규칙들의 예외가 적용되는 경우라고 흔히 주장할 것이며, 유혹에 처했을 때 규칙의 준수에서보다 규칙의 위반에서 효용을 발견할 것이라는 비판을 우리는 듣게 된다.

But is utility the only creed which is able to furnish us with excuses for evil doing, and means of cheating our own conscience? They are afforded in abundance by all doctrines which recognise as a fact in morals the existence of conflicting considerations; which all doctrines do, that have been believed by sane persons.

그러나 효용만이 잘못을 저지르는 것에 대한 변명이나 자신의 양심을 속이는 수단을 제공하는 신조인가? 이런 변명이나 수단은, 도덕에는 충돌하는 고려 사항들이 있다는 것을 하나의 사실로 인정하는 모든 신조로부터 (사실 제정신을 가진 사람들이 믿는 모든 신조가 이를 사실로 인정한다.) 부족하지 않게 제공될 수 있다.

♠ It is not the fault of any creed, but of the complicated nature of human affairs, that rules of conduct cannot be so framed as to require no exceptions, and that hardly any kind of action can safely be laid down as either always obligatory or always condemnable. There is no ethical creed which does not temper the rigidity of its laws, by giving a certain latitude, under the moral responsibility of the agent, for accommodation to peculiarities of circumstances; and under every creed, at the opening thus made, self-deception and dishonest casuistry get in.

이는 어떤 신조의 잘못이 아니다. 행동의 규칙이 예외를 필요로 하지 않게 구성될 수 없도록 하는, 그리고 어떤 종류의 행동도 항상 준수해야 하는 것과 항상 규탄되어야 하는 것으로 단순하게 정해질 수 없게 만드는, 인간사의 복잡한 성격 때문이다. 상황의 특수성을 감안하기 위해 행위자의 도덕적 책임 하에, 어떤 유연함을 제공함으로써 법규의 엄격함을 누그러뜨리지 않는 윤리적 신조는 존재하지 않는다. 그리하여 모든 신조에는 이렇게 만들어진 틈을 타고 자기 기만과 정직하지 못한 궤변이 들어온다.

There exists no moral system under which there do not arise unequivocal cases of conflicting obligation. These are the real difficulties, the knotty points both in the theory of ethics, and in the conscientious guidance of personal conduct.

명백히 충돌되는 의무의 사례들을 일으키지 않는 도덕적 체계는 없다. 이러한 것들은 실제로 어려운 문제들이며, 윤리 이론이나 개인 행위의 양심적 지침 모두에서 풀기 어려운 점들이다.

♠ They are overcome practically, with greater or with less success, according to the intellect and virtue of the individual; but it can hardly be pretended that any one will be the less qualified for dealing with them, from possessing an ultimate standard to which conflicting rights and duties can be referred. If utility is the ultimate source of moral obligations, utility may be invoked to decide between them when their demands are incompatible.

이런 문제들은 개인의 지성과 미덕에 따라 성공의 정도는 다르게 실제적으로 극복된다. 그러나 어떤 사람이 모순되는 권리와 의무들을 평가하는 궁극적 기준을 보유했다는 이유로, 이러한 문제들을 다룰 자격이 부족할 것이라고는 말할 수 없다. 효용이 도덕적 의무들의 궁극적 원천이라면, 그 의무들이 양립할 수 없는 경우 이들을 판단하는 데 효용을 불러들일 수 있을 것이다.

♠ Though the application of the standard may be difficult, it is better than none at all: while in other systems, the moral laws all claiming independent authority, there is no common umpire entitled to interfere between them; their claims to precedence one over another rest on little better than sophistry, and unless determined, as they generally are, by the unacknowledged influence of considerations of utility, afford a free scope for the action of personal desires and partialities.

그 기준을 적용하는 것이 어려울지라도 기준이 없는 것보다 낫다. 한편, 다른 도덕 체계들에서는, 도덕 법칙들이 모두 독립적인 권위를 주장하고, 그들 사이에서 참견할 자격이 있는 공통의 심판이 없으며, 하나가 다른 것에 우선해야 한다는 주장은 궤변보다 별로 나을 것이 없는 논리에 기초하게 된다. 그리하여, 어떤 도덕률이 우선되어야 한다는 주장이, [공리주의와는 다른 도덕 체계들이 공식적으로] 인정하지 않는 효용의 고려라는 영향에 의해서 결정되지 않으면, (대개 그렇게 [결국 자신들도 모르게 효용의 영향에 의해] 결정되기는 하지만) 개인적 욕구와 편파적 선호의 행동이 마음대로 행해질 수 있는 장이 열리고 만다.

We must remember that only in these cases of conflict between secondary principles is it requisite that first principles should be appealed to. There is no case of moral obligation in which some secondary principle is not involved; and if only one, there can seldom be any real doubt which one it is, in the mind of any person by whom the principle itself is recognised.

이렇게 보조 원칙들 사이의 충돌이 있는 경우에만 첫째 원칙에 호소되어야 한다는 것을 기억할 필요가 있다. 어떤 보조 원칙이 연관되지 않은 도덕적 의무의 경우는 없다. 그리고 연관된 원칙이 하나라면, 그 원칙 자체를 인정하는 사람의 마음에 그것이 어떤 것인지 실제적인 의심이 있을 리 없다.

Chapter Ⅲ

Of the Ultimate Sanction of the Principle of Utility

효용 원칙의 궁극적 제재

The question is often asked, and properly so, in regard to any supposed moral standard—What is its sanction? what are the motives to obey it? or more specifically, what is the source of its obligation? whence does it derive its binding force?

어떤 주어진 도덕 기준과 관련하여 다음과 같은 질문이 온당히 제기된다. 그 도덕 기준의 제재는 무엇인가? 그것에 복종해야 하는 동기들은 무엇인가? 또는 더 구체적으로, 그 의무 준수의 원천은 무엇인가? 그것의 구속력은 어디에서 나오는가? [여기에서 sanction은 상벌을 통해서 어떤 행위를 도덕이 명령하는 바대로 제한하고 제재한다는 의미를 갖는다. 아울러 sanction은 승인하며 인정한다는 의미도 있다. 주로 '제재'로 번역했지만 문맥에 따라 '승인' 등으로도 옮겼다.]

It is a necessary part of moral philosophy to provide the answer to this question; which, though frequently assuming the shape of an objection to the utilitarian morality, as if it had some special applicability to that above others, really arises in regard to all standards. It arises, in fact, whenever a person is called on to *adopt* a standard, or refer morality to any basis on which he has not been accustomed to rest it.

이러한 질문에 답을 내 놓는 것은 도덕 철학의 필수적 부분이다. 다른 기준들에서보다 공리주의 도덕에 특별히 적용되어야만 한다는 듯이, 종종 공리주의적 도덕에 대한 반대의 모습을 하고 있지만, 실제 모든 도덕 기준에 대해서 이 질문은 제기된다. 사실 이 질문은 어떤 사람이 하나의 기준을 채택하도록 요구 받을 때마다, 또는 그가 도덕을, 익숙하지 않은 어떤 기초에서 그 근거를 찾으려 참조할 때마다 제기된다.

♠ For the customary morality, that which education and opinion have consecrated, is the only one which presents itself to the mind with the feeling of being *in itself* obligatory; and when a person is asked to believe that this morality *derives* its obligation from some general principle round which custom has not thrown the same halo, the assertion is to him a paradox; the supposed corollaries seem to have a more binding force than the original theorem; the superstructure seems to stand better without, than with, what is represented as its foundation.

이는, 교육과 여론이 신성시하는 통상의 도덕만이 유일하게 그 자체로서 반드시 준수해야 한다는 감정이 마음에 들도록 하는 도덕이기 때문이다. 이 [통상적] 도덕 준수의 근거가, 관습이 [그 통상적 도덕처럼] 동일하게 신성시하지 않는 어떤 일반적인 원칙에 있다는 것을 어떤 사람에게 믿으라고 한다면, 그러한 주장이 그에게는 하나의 역설처럼 들린다. 즉, 어떻게 추론이 원래의 정리보다 더 구속력이 있는 것처럼 보이고, 구조물은 그것의 기초라고 할 수 있는 것이 없을 때가 있을 때보다 더 잘 서 있는 것처럼 보일 수 있겠느냐며 말이다. [이하에서, 어떤 원칙이 그 원칙의 적용 사례들보다 통상적 도덕 감정에서 오히려 덜 당연해 보인다는 사실을 염두에 두고 읽으면 도움이 될 것이다.]

He says to himself, I feel that I am bound not to rob or murder, betray or deceive; but why am I bound to promote the general happiness? If my own happiness lies in something else, why may I not give that the preference?

그는 자문할 것이다. 나는 강탈하거나 살인하거나 배신하거나 속이는 일을 해서는 안 된다는 것을 잘 알지만, 왜 [도덕 기준의 원칙인] 일반 행복을 증진해야 하는 것일까? 내 자신의 행복이 다른 것에 있다면 왜 나는 그것을 선호하면 안 되는 것일까?

♠ If the view adopted by the utilitarian philosophy of the nature of the moral sense be correct, this difficulty will always present itself, until the influences which form moral character have taken the same hold of the principle which they have taken of some of the consequences—until, by the improvement of education, the feeling of unity with our fellow-creatures shall be (what it cannot be denied that Christ intended it to be) as deeply rooted in our character, and to our own consciousness as completely a part of our nature, as the horror of crime is in an ordinarily well brought up young person.

도덕적 감성의 성격에 대해서 공리주의 철학의 견해가 옳다면, 도덕성 형성에 영향을 미치는 요소들이 그 원칙의 몇몇 결과를 확고히 하듯 그 원칙 자체를 확고히 할 때까지는 이런 어려움은 항상 모습을 드러낼 것이다. 즉, 더 나은 교육을 통해서, 범죄에 대한 경악이 보통 잘 성장한 젊은이에게 당연시되듯, 우리의 동료 창조물들과의 유대감이 우리 인성에 깊게, 그리고 우리 의식에 우리 본성의 한 부분으로서 완전히 뿌리내리게 (그리스도가 의도했던 바가 바로 이런 것이었다는 것을 부정할 수 없을 것이다.) 될 때까지 이 어려움은 지속될 것이다.

♠ In the meantime, however, the difficulty has no peculiar application to the doctrine of utility, but is inherent in every attempt to analyse morality and reduce it to principles; which, unless the principle is already in men's minds invested with as much sacredness as any of its applications, always seems to divest them of a part of their sanctity.

그러나 그때까지, 이 어려움은 공리주의에만 적용되는 것은 아니며, 도덕을 분석하고 어떤 원칙들로 종합하려는 모든 시도에 내재되어 있다고 하겠다. 이러한 시도는, 그 원칙이 이미 사람들의 마음속에 그 원칙이 적용된 사례에서만큼의 신성함을 가지고 있지 않는 한, 항상 그들[원칙이 적용된 사례들]로부터 그 신성함의 일부를 빼앗는 것처럼 여겨진다.

The principle of utility either has, or there is no reason why it might not have, all the sanctions which belong to any other system of morals. Those sanctions are either external or internal. Of the external sanctions it is not necessary to speak at any length.

효용의 원칙 역시 다른 도덕 체계가 갖추고 있는 모든 제재들을 갖추고 있거나, 또는 그렇지 않을 이유가 없다. 그 제재에는 외적인 것과 내적인 것이 있다. 외적인 제재들에 대해서는 길게 이야기할 필요가 없을 것이다.

♠ They are, the hope of favour and the fear of displeasure, from our fellow creatures or from the Ruler of the Universe, along with whatever we may have of sympathy or affection for them, or of love and awe of Him, inclining us to do his will independently of selfish consequences. There is evidently no reason why all these motives for observance should not attach themselves to the utilitarian morality, as completely and as powerfully as to any other.

외적 제재들은, 동료 인간들이나 또는 우주의 지배자로부터 특별한 사랑을 받고 싶은 희망과 미움을 사는 것에 대한 두려움, 그리고 이와 더불어, 동료 인간들에 대해 우리가 가지고 있는 공감이나 애정, 또는 이기적 결과와 관계없이 하느님의 의지를 따르도록 우리의 마음을 움직이게 하는, 하느님에 대한 사랑과 경외일 것이다. 준수하려는 이러한 모든 동기들이 다른 도덕에 연관되듯, 완전하고 강력하게 공리주의적 도덕에 연관되서는 안 될 이유는 분명 존재하지 않는다.

♠ Indeed, those of them which refer to our fellow creatures are sure to do so, in proportion to the amount of general intelligence; for whether there be any other ground of moral obligation than the general happiness or not, men do desire happiness; and however imperfect may be their own practice, they desire and commend all conduct in others towards themselves, by which they think their happiness is promoted.

사실 [위에 언급한 동기들 가운데] 동료 인간들을 거론하는 동기들은, 확실히 공리주의적 도덕과 연관되며, 그 정도는 일반적인 지성의 크기에 비례한다. 왜냐하면, 일반 행복 외의 다른 도덕 의무의 근거가 존재하든 그렇지 않든, 사람들은 행복을 갈망하기 때문이다. 그리고 자신의 실천이 아무리 불완전하더라도, 사람들은 자신에 대한 다른 사람들의 행동 가운데 자신의 행복을 증진시킨다고 생각하는 모든 행동을 바라고 또한 칭찬하기 마련이다.

With regard to the religious motive, if men believe, as most profess to do, in the goodness of God, those who think that conduciveness to the general happiness is the essence, or even only the criterion of good, must necessarily believe that it is also that which God approves.

종교적인 동기와 관련해서는, 사람들이, 대부분의 사람들이 고백하듯 하느님의 선함을 믿는다면, 일반 행복에의 기여가 핵심이며 또는 심지어 선의 유일한 기준이라고 생각하는 사람들은, 그것[일반 행복에의 기여]이 또한 하느님이 인정하는 것이라고 필연적으로 믿을 수밖에 없다.

The whole force therefore of external reward and punishment, whether physical or moral, and whether proceeding from God or from our fellow men, together with all that the capacities of human nature admit, of disinterested devotion to either, become available to enforce the utilitarian morality, in proportion as that morality is recognised; and the more powerfully, the more the appliances of education and general cultivation are bent to the purpose.

따라서 육체적이든 도덕적이든, 또는 그것이 하느님에게서 오는 것이든 동료 인간들로부터 오는 것이든, 외적인 보상과 처벌의 모든 힘은, 하느님과 인간에 대한 이해관계를 떠난 헌신을 가능하게 하는 인간 본성의 모든 역량과 함께, (공리주의적 도덕이 인정되는 정도에 비례하여) 그 도덕을 강제하는 데 쓰일 수 있다. 그리고 교육과 일반적 교양의 도구들이 그 목적을 위해 더 확실히 방향을 잡을수록 더 강력하게 그리 될 것이다.

So far as to external sanctions. The internal sanction of duty, whatever our standard of duty may be, is one and the same—a feeling in our own mind; a pain, more or less intense, attendant on violation of duty, which in properly cultivated moral natures rises, in the more serious cases, into shrinking from it as an impossibility.

외적 제재에 대해서는 여기까지 논의하도록 한다. 의무의 내적 제재는 어떤 사람의 의무의 기준이 무엇이든, 우리 마음의 느낌, 이것 하나다. 즉, 의무의 위반에 따르는, 때론 극심할 수도 때론 약할 수도 있는 고통이다. 이 고통은 올바르게 자라난 도덕적 본성에서 일어나, 심각한 사안에서는 의무의 위반을 하나의 불가능한 일로 간주하여 피하게 한다.

♠ This feeling, when disinterested, and connecting itself with the pure idea of duty, and not with some particular form of it, or with any of the merely accessory circumstances, is the essence of Conscience; though in that complex phenomenon as it actually exists, the simple fact is in general all encrusted over with collateral associations, derived from sympathy, from love, and still more from fear; from all the forms of religious feeling; from the recollections of childhood and of all our past life; from self-esteem, desire of the esteem of others, and occasionally even self-abasement.

이러한 감정은, 사심이 없을 때, 그리고 의무의 순수 개념과 결합하여, 의무의 어떤 특별한 형태와 결합한다든지 단순히 부수적인 상황들과 결합하지 않을 때, 양심의 핵심이 된다. 양심이 실제로 존재하는 그 복잡한 현상에서는, 이 단순한 사실은 일반적으로 부수적인 연상들로 온통 뒤덮이게 되지만 말이다. 한편, 그 부수적 연상들은 공감, 사랑, 그리고 두려움으로부터, 모든 형태의 종교적 감정으로부터, 어린 시절과 우리의 모든 과거의 회상으로부터, 자존감, 다른 사람들의 존경에 대한 욕구로부터, 그리고 심지어 가끔 자기 비하로부터도 도출되는 것들이다.

This extreme complication is, I apprehend, the origin of the sort of mystical character which, by a tendency of the human mind of which there are many other examples, is apt to be attributed to the idea of moral obligation, and which leads people to believe that the idea cannot possibly attach itself to any other objects than those which, by a supposed mysterious law, are found in our present experience to excite it.

나는 이러한 극도의 복잡함이, 다른 많은 예에서 발견할 수 있는 인간 마음의 어떤 경향에 의해, 도덕적 의무란 개념에 부여되곤 하는 일종의 신비적 특성의 기원이라고 이해한다. 한편, 이 신비적 특성은 사람들로 하여금 도덕적 의무의 개념은, 어떤 소위 신비로운 법칙에 의해서 그것[도덕적 의무의 개념]을 일으키는 우리의 현재 경험에서 발견되는 것을 제외한 어떤 것에도 부착될 수 없다고 믿게 한다.

♠ Its binding force, however, consists in the existence of a mass of feeling which must be broken through in order to do what violates our standard of right, and which, if we do nevertheless violate that standard, will probably have to be encountered afterwards in the form of remorse. Whatever theory we have of the nature or origin of conscience, this is what essentially constitutes it.

그러나 도덕적 의무감의 구속력은 수많은 [다음의] 감정들이 우리 안에 존재한다는 데 있다. 이 감정들은 우리가 옳음의 기준을 위배하기 위해서는 뚫고 나아가야 하는 장애물이며, 그럼에도 결국 그 기준을 위배했을 때에는 회한의 형태로 나중에 아마도 마주해야 하는 그런 감정들이다. 양심의 본질 또는 기원에 대해 어떤 이론을 갖는다 해도, 결국 이것이 기본적으로 양심을 구성한다.

The ultimate sanction, therefore, of all morality (external motives apart) being a subjective feeling in our own minds, I see nothing embarrassing to those whose standard is utility, in the question, what is the sanction of that particular standard? We may answer, the same as of all other moral standards—the conscientious feelings of mankind.

그러므로 (외적 동기는 별개로 하고) 모든 도덕의 궁극적인 제재가 우리 마음속의 주관적 감정이라고 한다면, 그 기준이 효용인 사람에게, 그 특정한 기준의 제재가 무엇이냐는 질문이 당황스러울 리 없다고 생각한다. 모든 다른 도덕의 기준에서와 같이, 인간의 양심적 감정들이라고 대답하면 될 것이기 때문이다.

Undoubtedly this sanction has no binding efficacy on those who do not possess the feelings it appeals to; but neither will these persons be more obedient to any other moral principle than to the utilitarian one. On them morality of any kind has no hold but through the external sanctions.

당연히 이러한 제재는 이것이 호소하는 감정들을 갖고 있지 않은 사람들에게 구속하는 효과가 없을 것이다. 그러나 이러한 사람들은 공리주의 원칙보다 다른 도덕 원칙에 더 복종하지도 않을 것이다. 그들에게는 어떤 도덕도 외적 제재를 통하지 않고는 강제할 수 없다.

Meanwhile the feelings exist, a fact in human nature, the reality of which, and the great power with which they are capable of acting on those in whom they have been duly cultivated, are proved by experience. No reason has ever been shown why they may not be cultivated to as great intensity in connection with the utilitarian, as with any other rule of morals.

한편 이러한 감정들이 존재한다는 것은 인간 본성에 있어서의 하나의 사실이며, 그러한 감정들의 실재함이나, 그러한 감정들이 이를 제대로 개발해 온 사람들에게 발휘할 수 있는 위대한 힘은 경험에 의해서 증명된다. 다른 도덕률에서와 같이 공리주의 도덕률과 관련해서도, 마찬가지로 강렬하게 그러한 감정들이 개발되지 못할 이유를 아직 누구도 찾지 못했다.

♠ There is, I am aware, a disposition to believe that a person who sees in moral obligation a transcendental fact, an objective reality belonging to the province of 'Things in themselves,' is likely to be more obedient to it than one who believes it to be entirely subjective, having its seat in human consciousness only.

도덕적 의무에서 초월적 사실, 즉 '그 자체로서의 실체'라는 영역에 속하는 객관적 실재를 보는 사람은, 도덕적 의무가 온전히 주관적이며 인간의 의식 안에서만 자리가 있다고 믿는 사람보다 그 의무에 보다 더 순종할 것이라고 믿는 경향이 있다는 것을 나는 잘 알고 있다.

But whatever a person's opinion may be on this point of Ontology, the force he is really urged by is his own subjective feeling, and is exactly measured by its strength. No one's belief that duty is an objective reality is stronger than the belief that God is so; yet the belief in God, apart from the expectation of actual reward and punishment, only operates on conduct through, and in proportion to, the subjective religious feeling.

그러나 존재론의 이 문제에 대한 어떤 사람의 의견이 어떻든지, 그를 강하게 권고하는 힘은 그 자신의 주관적 감정이며, 그 감정의 강도에 의해서 정확하게 측정된다. 누구라도, 의무가 객관적 실재라는 믿음은 신이 객관적 실재라는 믿음보다 강하지는 못할 것이다. 그러나 신에 대한 믿음은, 실제적 보상과 처벌에 대한 기대를 제외하면, 주관적인 종교적 감정을 통해서, 그리고 그 감정의 크기에 비례하여 행위에 작용할 뿐이다.

♠ The sanction, so far as it is disinterested, is always in the mind itself; and the notion therefore of the transcendental moralists must be, that this sanction will not exist *in* the mind unless it is believed to have its root out of the mind; and that if a person is able to say to himself, This which is restraining me, and which is called my conscience, is only a feeling in my own mind, he may possibly draw the conclusion that when the feeling ceases the obligation ceases, and that if he find the feeling inconvenient, he may disregard it, and endeavour to get rid of it.

제재는, 그것이 이해 관계와 상관없는 것이라면, 언제나 마음 안에 있다. 따라서 초월적 도덕론자들의 생각은 틀림없이 다음과 같을 것이다. 즉, 제재가 마음 밖에 그 뿌리를 두고 있다고 믿지 않으면 그 제재는 마음 안에 존재하지 않는다고. 그리고 어떤 사람이 스스로에게, 나를 제약하고 나의 양심이라고 불리는 '이것'이 내 마음 안의 감정일 뿐이라고 말할 정도면, 그 사람은 그 감정이 사라지면 도덕적 의무감도 사라지는 것이고, 또 그 감정이 불편하다고 느끼면 그 의무감을 버리거나 제거하려고 노력해도 괜찮다는 결론을 내릴 것이라고.

But is this danger confined to the utilitarian morality? Does the belief that moral obligation has its seat outside the mind make the feeling of it too strong to be got rid of? The fact is so far otherwise, that all moralists admit and lament the ease with which, in the generality of minds, conscience can be silenced or stifled.

그러나 이러한 위험이 공리주의 도덕에 한정된 것일까? 도덕적 의무가 마음 밖에 그 뿌리가 있다는 믿음은, 버리는 것이 불가능할 정도로 의무감을 강하게 만드는가? 절대 그렇지 않기에 모든 도덕론자들은 많은 사람들의 마음에서 양심은 쉽게 묵살되거나 억압된다는 것을 인정하며 이를 한탄하곤 한다.

The question, Need I obey my conscience? is quite as often put to themselves by persons who never heard of the principle of utility, as by its adherents. Those whose conscientious feelings are so weak as to allow of their asking this question, if they answer it affirmatively, will not do so because they believe in the transcendental theory, but because of the external sanctions.

내 양심을 따를 필요가 있는가라는 질문은 공리주의의 추종자들 못지않게 효용 원칙을 들어보지도 못한 사람들에 의해서도 자주 제기된다. 이런 질문을 스스로에게 허락할 정도로 양심의 감정이 그리 강하지 못한 사람들이, 이 질문에 대해서 그렇다라고 대답한다면, 그것은 그들이 초월적 이론을 믿어서라기보다 외적 제재 때문일 것이다.

It is not necessary, for the present purpose, to decide whether the feeling of duty is innate or implanted. Assuming it to be innate, it is an open question to what objects it naturally attaches itself; for the philosophic supporters of that theory are now agreed that the intuitive perception is of principles of morality and not of the details.

지금 논의의 목적상, 의무감이 타고나는 것인지 이식되는 것인지를 결정할 필요는 없다. 타고난 것이라고 가정하더라도 그 의무감이 무슨 대상에 자연적으로 부착되는지는 또 다른 문제다. 왜냐하면 그런 이론의 철학적 지지자들은 직관적 인식은 도덕의 원칙들에 관한 것이지 그 세부 사항들에 관한 것이 아니라는 데 이제 의견을 같이하기 때문이다.

If there be anything innate in the matter, I see no reason why the feeling which is innate should not be that of regard to the pleasures and pains of others. If there is any principle of morals which is intuitively obligatory, I should say it must be that. If so, the intuitive ethics would coincide with the utilitarian, and there would be no further quarrel between them.

만일 이 문제에 있어서 타고난 무엇인가가 있다면, 그 타고난 감정이 다른 사람들의 행복과 고통에 대한 관심의 감정이 되지 말라는 법이 없을 것이다. 만약 직관적으로 의무라고 알 수 있는 도덕 원칙이라는 것이 있다면, 나는 바로 이것[다른 사람들의 행복과 고통에 대한 관심]이 바로 그렇다고 말하겠다. 그렇다면 직관적 윤리는 공리주의 윤리와 일치할 것이고 그 둘 사이에 더 이상의 논쟁의 소지는 없을 것이다.

Even as it is, the intuitive moralists, though they believe that there are other intuitive moral obligations, do already believe this to be one; for they unanimously hold that a large *portion* of morality turns upon the consideration due to the interests of our fellow-creatures. Therefore, if the belief in the transcendental origin of moral obligation gives any additional efficacy to the internal sanction, it appears to me that the utilitarian principle has already the benefit of it.

그렇지 않더라도 지금 상태로서도, 직관적 도덕론자들은 다른 직관적 도덕 의무들이 있다고 믿지만, 공리주의적 의무도 직관적 도덕 의무의 하나라고 이미 믿고 있다고 하겠다. 왜냐하면 그들은 모두 도덕의 큰 부분은 우리의 동료 인간들의 이익에 대한 고려에 달려 있다는 주장에서 일치하기 때문이다. 따라서 만약 도덕적 의무의 초월적 기원에 대한 믿음이 내적 제재에 추가적인 효력을 부여한다면 공리주의 원칙은 그러한 효력의 혜택을 이미 누리고 있다고 내게 보여진다.

On the other hand, if, as is my own belief, the moral feelings are not innate, but acquired, they are not for that reason the less natural. It is natural to man to speak, to reason, to build cities, to cultivate the ground, though these are acquired faculties.

한편, 만일 도덕적 감정들은 타고나는 것이 아니라 후천적으로 획득되는 것이라면, (사실 나는 그렇다고 믿는다.) 이러한 감정들이 그러한 이유 때문에 덜 자연스러운 것은 아니다. 말하고, 추론하고, 도시를 건설하고, 땅을 개간하는 행위들은 후천적으로 획득되는 능력들이지만, 인간에게 자연스러운 것이다.

The moral feelings are not indeed a part of our nature, in the sense of being in any perceptible degree present in all of us; but this, unhappily, is a fact admitted by those who believe the most strenuously in their transcendental origin.

도덕 감정은, 우리 모두에게서 눈에 뜨일 정도로 존재한다는 의미로 본성을 정의한다면, 실제로 우리의 본성의 한 부분은 아니다. 또한 이는 도덕적 감정의 초월적 기원을 철저히 믿는 사람들조차 받아들이는 불행한 사실이다.

Like the other acquired capacities above referred to, the moral faculty, if not a part of our nature, is a natural outgrowth from it; capable, like them, in a certain small degree, of springing up spontaneously; and susceptible of being brought by cultivation to a high degree of development.

앞에 언급한 다른 후천적 능력들과 같이, 도덕 능력은 비록 우리 본성의 일부는 아니더라도 본성으로부터 자연스럽게 자라나온 것이며, 역시 다른 후천적 능력들과 같이 어느 정도까지는 자발적으로 생겨날 수 있고, 더 나아가서는 가꿈을 통해서 높은 수준의 발전 단계까지 이르는 것이 가능한 능력인 것이다.

♠ Unhappily it is also susceptible, by a sufficient use of the external sanctions and of the force of early impressions, of being cultivated in almost any direction: so that there is hardly anything so absurd or so mischievous that it may not, by means of these influences, be made to act on the human mind with all the authority of conscience.

불행히도 이 도덕 능력은 충분한 외적 제재의 행사와 어릴 적의 인상의 힘에 의해 어떤 방향으로도 [즉, 나쁜 방향으로도] 자라날 수 있다. 그리하여 이것[도덕 감정]이 이러한 영향들을 수단으로 하여, 양심의 모든 권위로 인간의 마음에 작용하지 않게 될 수도 있다는 사실처럼 어처구니 없고 악의적인 것은 찾기 힘들다.

To doubt that the same potency might be given by the same means to the principle of utility, even if it had no foundation in human nature, would be flying in the face of all experience.

공리주의 원칙이 인간의 본성에 기초를 두고 있지 않더라도, 같은 수단[즉 외적 제재나 어릴 적 인상 등의 영향]에 의해 공리주의 원칙에 동일한 잠재적 힘을 부여할 수 있다는 것을 의심하는 것은 모든 경험에 반(反)한다고 하겠다.

♠ But moral associations which are wholly of artificial creation, when intellectual culture goes on, yield by degrees to the dissolving force of analysis: and if the feeling of duty, when associated with utility, would appear equally arbitrary; if there were no leading department of our nature, no powerful class of sentiments, with which that association would harmonise, which would make us feel it congenial, and incline us not only to foster it in others (for which we have abundant interested motives), but also to cherish it in ourselves; if there were not, in short, a natural basis of sentiment for utilitarian morality, it might well happen that this association also, even after it had been implanted by education, might be analysed away.

그러나 온전히 인위적으로 만들어진 도덕적 연상들은, 지적인 문화가 지속될 때, 점차로 분석의 힘에 의해 소멸된다. 그리하여 만일 의무감이, 효용과 연상 작용을 일으킬 때, 마찬가지로 자의적인 것으로 생각된다면; 그것[연상 작용]이 [체질에 잘 맞아] 즐겁게 느껴지게 하고, (우리에게 많은 이해 관계가 있는 동기인데) 다른 사람들에서도 그 연상 작용이 자라도록 할 뿐만 아니라, 자신도 그것을 소중히 여기도록 우리를 이끄는 (그 연상 작용이 함께 조화할) 본성의 주도적 부분, 또는 정서들의 강력한 하나의 부류가 존재하지 않는다면; 요약컨대, 공리주의적 도덕에 대한 정서의 자연적 기반이 존재하지 않는다면, 이 연상 역시, 교육에 의해 주입된 뒤라 할지라도 분석되어 없어질 수 있다. [여기에서 밀은 가정법 과거로 표현함으로써 그 기반이 존재한다는 것을 미리 말하고 있다.]

♠ But there *is* this basis of powerful natural sentiment; and this it is which, when once the general happiness is recognised as the ethical standard, will constitute the strength of the utilitarian morality. This firm foundation is that of the social feelings of mankind; the desire to be in unity with our fellow creatures, which is already a powerful principle in human nature, and happily one of those which tend to become stronger, even without express inculcation, from the influences of advancing civilisation.

그러나 이러한 강력한 자연적 정서의 기초가 존재하는데, 일단 일반 행복이 윤리적 기준으로 인식되면, 공리주의 도덕의 힘을 구성하는 기초가 된다. 이 견고한 토대는 인간의 사회적 감정들의 토대다. 즉, 이는 우리가 동료 인간들과 하나가 되고자 하는 욕구며, 이 욕구는 이미 인간 본성의 한 강력한 원칙으로, 다행히도 명시적 교육 없이도 문명 발전의 영향에 의해 점차 더 강해지는 경향이 있는 그러한 욕구들 중의 하나다.

The social state is at once so natural, so necessary, and so habitual to man, that, except in some unusual circumstances or by an effort of voluntary abstraction, he never conceives himself otherwise than as a member of a body; and this association is riveted more and more, as mankind are further removed from the state of savage independence.

사회적 상태는 인간에게 너무도 자연스럽고, 너무도 필수적이며, 너무도 익숙한 것이기에 어떤 특이한 상황이나 일부러 힘들여 추상화하는 경우를 제외하고는, 인간은 자신이 사회라는 몸의 일부분이 아니라고는 결코 생각하지 않는다. 그리고 이러한 연상은 인류가 야만적 독립 상태로부터 멀어질수록 더욱더 공고해진다.

Any condition, therefore, which is essential to a state of society, becomes more and more an inseparable part of every person's conception of the state of things which he is born into, and which is the destiny of a human being. Now, society between human beings, except in the relation of master and slave, is manifestly impossible on any other footing than that the interests of all are to be consulted.

따라서 사회적 상태를 유지하기 위해 필수적인 어떤 조건도, 자신이 태어나고 또 자신의 운명이라고 생각하는 상태에 대한 모든 이의 인식에서 더욱더 떨어질 수 없는 일부가 되어간다. 그러므로, 사람들 사이의 사회 관계는, 주인과 노예의 관계를 제외하고는, 모든 이들의 이해가 고려되는 체계 외에는 명백히 불가능하다.

Society between equals can only exist on the understanding that the interests of all are to be regarded equally. And since in all states of civilisation, every person, except an absolute monarch, has equals, every one is obliged to live on these terms with somebody; and in every age some advance is made towards a state in which it will be impossible to live permanently on other terms with anybody.

동등한 자들 사이의 사회 관계는 모두의 이익이 동등하게 취급된다는 이해 위에서만 존재할 수 있다. 그리고 문명의 모든 상태에서, 절대군주를 제외하고, 모든 사람들에게는 동등한 사람들이 있기 때문에, 모든 이들은 누군가와 이러한 조건 하에 살아가야 한다. 그리고 그 외의 조건으로 다른 사람들과 영속적으로 살아가는 것은 불가능한 그런 상태로의 진전이 모든 시대에 이루어져 왔다.

In this way people grow up unable to conceive as possible to them a state of total disregard of other people's interests. They are under a necessity of conceiving themselves as at least abstaining from all the grosser injuries, and (if only for their own protection) living in a state of constant protest against them.

이런 식으로 사람들은 다른 이들의 이익을 완전히 무시하는 상태가 그들에게 가능한 것으로 여기지 못하도록 성장한다. 다른 사람들에게 크게 해가 되는 것은 적어도 삼가도록 하고, (자기 방어를 위한 것이기는 해도) 다른 사람에게 큰 해를 끼치는 것에 대해서 항상 항의하는 상태로 사는 것이 필수적이라고 생각하게 된다.

They are also familiar with the fact of co-operating with others and proposing to themselves a collective, not an individual interest as the aim (at least for the time being) of their actions. So long as they are co-operating, their ends are identified with those of others; there is at least a temporary feeling that the interests of others are their own interests.

그들은 또한, 다른 사람들과 협력하며 아울러 개인의 이익이 아니라 집단의 이익을 그들 행동의 (적어도 당분간의) 목표라는 것을 자신에게 설득하는 사실에 익숙해진다. 그들이 협력하는 한, 그들의 목표는 다른 사람들의 목표와 동일하게 되고, 다른 사람들의 이익이 자기 자신의 이익이라는 (적어도 일시적인) 느낌이 존재하게 된다.

Not only does all strengthening of social ties, and all healthy growth of society, give to each individual a stronger personal interest in practically consulting the welfare of others; it also leads him to identify his *feelings* more and more with their good, or at least with an ever greater degree of practical consideration for it.

사회적 유대를 강화하는 모든 것들과 사회의 모든 건강한 성장은, 각각의 개인에게 다른 사람들의 복지를 실질적으로 고려하는 것에 강한 개인적 관심을 갖게 할 뿐만 아니라, 그 개인으로 하여금 다른 사람들의 이익을, 또는 적어도 그 이익을 위한 더 깊은 실질적 고려를, 자신의 감정과 일치하도록 인도한다.

He comes, as though instinctively, to be conscious of himself as a being who *of course* pays regard to others. The good of others becomes to him a thing naturally and necessarily to be attended to, like any of the physical conditions of our existence.

그는 마치 본능처럼, 다른 사람들을 배려하는 것을 당연시하는 하나의 존재로 자신을 의식하게 된다. 다른 사람들의 이익은, 그에게 마치 우리의 존재를 위한 물질적인 조건들과 같이, 자연스럽고 필수적으로 주의를 기울여야 하는 것으로 자리 잡는다.

Now, whatever amount of this feeling a person has, he is urged by the strongest motives both of interest and of sympathy to demonstrate it, and to the utmost of his power encourage it in others; and even if he has none of it himself, he is as greatly interested as any one else that others should have it.

그리하여, 어떤 사람이 이러한 감정을 얼마나 많이 가지고 있든지, 그는 이익과 공감 모두의 강한 동기에 의해, 그러한 감정을 드러내고 최선을 다해 다른 사람들에게서 그러한 감정이 일어나도록 독려한다. 그리고 그러한 감정을 자신은 전혀 가지고 있지 않더라도 다른 사람들이 그러한 감정을 가져야 하는 것에 대해서 누구 못지않게 지대한 관심을 갖는다.

Consequently the smallest germs of the feeling are laid hold of and nourished by the contagion of sympathy and the influences of education; and a complete web of corroborative association is woven round it, by the powerful agency of the external sanctions.

결과적으로 이러한 감정의 작은 미생물은 공감의 감염과 교육의 영향에 의해 사로잡히고 키워진다. 그리고 외적 제재의 강력한 작용에 의해, 확증하는 연상의 완전한 연결망이 그 주위를 감싸게 된다.

This mode of conceiving ourselves and human life, as civilisation goes on, is felt to be more and more natural. Every step in political improvement renders it more so, by removing the sources of opposition of interest, and levelling those inequalities of legal privilege between individuals or classes, owing to which there are large portions of mankind whose happiness it is still practicable to disregard.

우리 자신과 인간의 삶에 대한 이러한 이해의 방식은 문명이 진보함에 따라 점점 더 자연스럽게 느껴지게 된다. 이해 관계에 따른 반대의 원천을 제거함으로써, 그리고 많은 사람들의 행복을 실질적으로 무시하는 것을 아직도 가능케 하는 개인 간 계층 간의 법적 특권의 불평등을 타파함으로써, 정치적 진보의 모든 단계는 더욱더 그렇게 [즉, 이러한 이해 방식이 자연스럽게 느껴지게] 만든다.

In an improving state of the human mind, the influences are constantly on the increase, which tend to generate in each individual a feeling of unity with all the rest; which, if perfect, would make him never think of, or desire, any beneficial condition for himself, in the benefits of which they are not included.

인간 정신이 개선되는 상태에서는 그러한 영향들은 끊임없이 증가하게 되는데, 그 영향들은 개개인의 마음에 다른 사람들과의 유대감을 발생시키는 경향이 있으며, 나아가 그 감정[유대감]이 완전하다면 자신에게는 혜택이 돌아가지만, 다른 사람들은 그 혜택을 누리지 못하는 그러한 상태를 절대로 생각해 내거나 원하지 않도록 만들 것이다.

♠ If we now suppose this feeling of unity to be taught as a religion, and the whole force of education, of institutions, and of opinion, directed, as it once was in the case of religion, to make every person grow up from infancy surrounded on all sides both by the profession and the practice of it, I think that no one, who can realise this conception, will feel any misgiving about the sufficiency of the ultimate sanction for the Happiness morality.

이제 이러한 유대의 감정이 하나의 종교로서 가르쳐진다고 가정하면, 그리하여 과거 종교가 그랬듯이 교육, 사회 제도, 여론 등의 온전한 영향력이, 모든 사람들을 유아기부터 그 유대감의 천명과 실천에 둘러싸여 자라나게 하는 데 목표를 둔다면, 이러한 개념을 머리 속에 그려 볼 수 있는 사람 가운데 누구도 행복 도덕률에 대한 궁극의 제제가 충분하다는 것에 의혹을 가질 사람은 없을 것이다.

To any ethical student who finds the realisation difficult, I recommend, as a means of facilitating it, the second of M. Comte's two principal works, the *Traité de Politique Positive*.

이런 생각이 그려지지 않는 윤리학자에게는 그러한 생각을 용이하게 하는 하나의 수단으로 콩트[Auguste Comte]의 두 주요 연구의 두 번째인 '실증정치론'을 추천한다.

♠ I entertain the strongest objections to the system of politics and morals set forth in that treatise; but I think it has superabundantly shown the possibility of giving to the service of humanity, even without the aid of belief in a Providence, both the psychological power and the social efficacy of a religion; making it take hold of human life, and colour all thought, feeling, and action, in a manner of which the greatest ascendancy ever exercised by any religion may be but a type and foretaste; and of which the danger is, not that it should be insufficient but that it should be so excessive as to interfere unduly with human freedom and individuality.

이 논문에서 제시하는 정치와 도덕의 체계에 대해서 나는 아주 강한 반대 입장을 가지고 있다. 그러나 이 논문은, 신의 섭리에 대한 믿음의 도움 없이도 종교의 심리적 영향력과 사회적 효과성이 인류에게 봉사하기 위해 주어질 수 있으며, 종교에 의해 행사된 바 있는 가장 큰 지배력은 하나의 유형이며 맛보기일 뿐이라고 말할 수 있을 정도로, 그리고 그 위험은 그것[feeling of unity]이 부족하기 때문이 아니라 너무 과도하여 인간의 자유와 개인성을 부당하게 간섭하는 것이 될 정도로, 그 감정[역시 feeling of unity]이 인간의 삶을 장악하고 모든 생각, 감정, 행동의 색조를 결정할 가능성을 넘치도록 보여주었다고 생각한다.

Neither is it necessary to the feeling which constitutes the binding force of the utilitarian morality on those who recognise it, to wait for those social influences which would make its obligation felt by mankind at large.

공리주의 도덕률이 이를 인정하는 사람에게 작용하는 구속력을 구성하는 감정이 존재하기 위해서, 전체 인류가 그것을 지킬 의무감을 느끼도록 만드는 그러한 사회적 영향들이 나타나기를 기다리는 것이 반드시 필요한 건 아니다.

In the comparatively early state of human advancement in which we now live, a person cannot indeed feel that entireness of sympathy with all others, which would make any real discordance in the general direction of their conduct in life impossible; but already a person in whom the social feeling is at all developed, cannot bring himself to think of the rest of his fellow creatures as struggling rivals with him for the means of happiness, whom he must desire to see defeated in their object in order that he may succeed in his.

우리가 현재 살고 있는 인간 발전의 상대적인 초기 상태에서는, 어떤 사람이 다른 모든 이들과의 완전한 공감을 (이러한 공감 하에서는 삶에 있어서 다른 사람들의 행위의 일반적인 방향에 있어서 실제적인 불화는 불가능할 터인데) 사실 느낄 수는 없다. 그러나 사회적 감정이 일단 개발된 사람은 이미, 그의 동료 인간들을 행복의 수단을 위해서 그와 서로 다투는, 즉 자신이 목적을 달성하기 위해서 다른 사람들은 목적 달성에서 실패하는 것을 보고자 하는, 경쟁자로 생각하는 것이 불가능하다.

The deeply rooted conception which every individual even now has of himself as a social being, tends to make him feel it one of his natural wants that there should be harmony between his feelings and aims and those of his fellow creatures.

현재로서도 모든 개인이 사회적 존재로 자신에 대해 갖고 있는 뿌리 깊은 개념은, 자신의 감정과 목표가 동료 인간들의 그것들과 조화를 이루어야 한다는 것을 그의 자연스러운 욕구의 하나로 느끼도록 만드는 경향이 있다.

If differences of opinion and of mental culture make it impossible for him to share many of their actual feelings—perhaps make him denounce and defy those feelings—he still needs to be conscious that his real aim and theirs do not conflict; that he is not opposing himself to what they really wish for, namely their own good, but is, on the contrary, promoting it.

견해의 차이나 정신적 문화의 차이가 그 사람이 다른 사람들의 많은 실제 감정들을 공유하는 것을 불가능하게 하여, 아마도 그가 다른 이들의 그런 감정들을 비난하고 반대하도록 만들더라도, 그럼에도 그는 그의 진정한 목표와 다른 이들의 목표가 충돌하지 않으며, 또한 그는 다른 사람들이 진정으로 갈구하는 것을 (즉 그들 자신의 이익을) 반대하지 않으며, 오히려 촉진하고 있다는 것을 의식할 필요가 있다.

This feeling in most individuals is much inferior in strength to their selfish feelings, and is often wanting altogether. But to those who have it, it possesses all the characters of a natural feeling. It does not present itself to their minds as a superstition of education, or a law despotically imposed by the power of society, but as an attribute which it would not be well for them to be without. This conviction is the ultimate sanction of the greatest happiness morality.

대부분의 사람들에 있어서 이러한 감정은 그들의 이기적 감정에 비해서 훨씬 약하며, 종종 전혀 존재하지 않기도 한다. 그러나 그러한 감정을 보유한 사람들에게는, 그 감정은 자연스러운 감정의 모든 특징들을 가지고 있다. 이 감정은 그 감정을 보유한 사람들의 마음에 교육에 의한 미신이나 사회의 힘에 의해 독재적으로 강요된 법으로 느껴지지 않고, 그것 없이는 그들이 행복하지 못한 그런 하나의 특성으로서 느껴지게 된다. 이러한 확신이 최대 행복 도덕률의 궁극적 제재라고 하겠다.

♠ This it is which makes any mind, of well-developed feelings, work with, and not against, the outward motives to care for others, afforded by what I have called the external sanctions; and when those sanctions are wanting, or act in an opposite direction, constitutes in itself a powerful internal binding force, in proportion to the sensitiveness and thoughtfulness of the character; since few but those whose mind is a moral blank, could bear to lay out their course of life on the plan of paying no regard to others except so far as their own private interest compels.

잘 개발된 감정을 가진 마음이, 내가 외적 제재라고 불렀던 것에 의해 제공되는, 다른 사람들을 배려해야 하는 외부적 동기들과 (충돌하는 것이 아니라) 함께 작용하게 만드는 것이 바로 이것[이 확신]이다. 그리고 그러한 외적 제재들이 결핍하거나 반대 방향으로 작용할 때는, 그 확신은 인격의 민감함과 사려 깊음에 비례하여 그 자체로서 하나의 강력한 내적 구속력을 구성하게 된다. 왜냐하면 마음이 도덕적으로 비어 있는 사람들을 제외하고는 자신의 삶의 경로를, (자신의 개인적 이익 때문에 어쩔 수 없는 경우가 아니라고 한다면) 다른 사람들에 대해 아무런 배려도 하지 않겠다는 계획 위에 설계하는 사람은 거의 없을 것이기 때문이다.

Chapter Ⅳ

Of What Sort of Proof the Principle of Utility Is Susceptible

효용 원칙에 대해 어떤 종류의 증명이 가능한가

It has already been remarked, that questions of ultimate ends do not admit of proof, in the ordinary acceptation of the term. To be incapable of proof by reasoning is common to all first principles; to the first premises of our knowledge, as well as to those of our conduct.

궁극적 목적의 질문에 대해서는 (증명이라는 용어의 일상적 용법에 따를 때) 증명을 할 수 없다는 점을 이미 언급한 바 있다. 추론에 의한 증명이 불가능하다는 것은 모든 첫째 원칙들에 공통적으로 적용된다. 즉, 우리의 지식에 대한 기본 전제들이나 우리 행동의 기본 전제들에 대해서 말이다.

But the former, being matters of fact, may be the subject of a direct appeal to the faculties which judge of fact—namely, our senses, and our internal consciousness. Can an appeal be made to the same faculties on questions of practical ends? Or by what other faculty is cognisance taken of them?

그러나 [둘 가운데] 우리의 지식은 사실 여부의 문제이기에, 사실을 판단하는 능력들에, 즉 소위 우리의 감각과 내적 의식에 직접 호소할 주제일지 모른다. 실제적 목적의 문제에 대해서도 동일한 기능들에 호소할 수 있을까? 아니면 어떤 다른 능력에 의해 실제적 목적의 문제들이 인지되는 것일까?

Questions about ends are, in other words, questions what things are desirable. The utilitarian doctrine is, that happiness is desirable, and the only thing desirable, as an end; all other things being only desirable as means to that end. What ought to be required of this doctrine—what conditions is it requisite that the doctrine should fulfil—to make good its claim to be believed?

다른 말로 하자면 목적에 대한 질문은 무엇이 바람직한가를 묻고 있다. 공리주의 신조는 목적으로서 행복이 바람직하고, 또 행복만이 바람직한 것이며, 모든 다른 것들은 그 목적을 위한 수단으로서만 바람직하다는 것이다. 그 주장을 믿게 하기 위해 공리주의에서 요구되는 것, 즉 어떤 조건들을 이 신조가 충족시키는 것이 필수적일까?

The only proof capable of being given that an object is visible, is that people actually see it. The only proof that a sound is audible, is that people hear it: and so of the other sources of our experience. In like manner, I apprehend, the sole evidence it is possible to produce that anything is desirable, is that people do actually desire it.

어떤 대상이 보인다는 사실에 대해 가능한 유일한 증명은 사람들이 실제로 그것을 본다는 것이다. 어떤 소리가 들린다는 유일한 증명은 사람들이 그것을 듣는다는 것이며, 우리 경험의 다른 원천에 대해서도 동일한 말을 할 수 있다. 마찬가지로 어떤 것이 바람직하다는 것에 대한 유일한 증명은 사람들이 실제로 그것을 바란다는 것이라고 나는 이해한다. [본다(see)와 볼 수 있다(visible)의 관계나, 듣다(hear)와 들을 수 있다(audible)의 관계가, 바라다(desire)와 바람직하다(desirable)의 관계와 대응이 된다고 보는 것은 상식적으로 무리다. 러셀(Bertrand Russell)은 이것은 명백한 오류로서, 밀이 어떻게 이렇게 생각할 수 있었는지 이해하기 어렵다고 하였다. (*History of Western Philosophy*)]

If the end which the utilitarian doctrine proposes to itself were not, in theory and in practice, acknowledged to be an end, nothing could ever convince any person that it was so. No reason can be given why the general happiness is desirable, except that each person, so far as he believes it to be attainable, desires his own happiness.

공리주의가 제시하는 목적이 이론이나 실제에 있어 하나의 목적으로 인정되지 않는다면, 그 어느 것도 누구에게라도 그렇다는 것을 확신시킬 수 없을 것이다. [가정법 과거.] 일반 행복이 왜 바람직한가에 대해, 모든 사람이 획득 가능하다고 믿는 범위 안에서 자신의 행복을 갈망한다는 사실 외에는 어떤 이유도 주어질 수 없다.

This, however, being a fact, we have not only all the proof which the case admits of, but all which it is possible to require, that happiness is a good: that each person's happiness is a good to that person, and the general happiness, therefore, a good to the aggregate of all persons. Happiness has made out its title as *one* of the ends of conduct, and consequently one of the criteria of morality.

그러나 이것[행복을 갈망한다는 것]이 하나의 사실이기에, 행복이 하나의 선(善)이고, 각각의 행복은 그 사람에게 선이며, 따라서 일반 행복은 모든 사람들의 총체에 선이라는 주장에 대해서, 이런 사안에 있어 가능한 모든 증명뿐만 아니라, 요구되는 모든 것을 갖추게 된다. [이러한 논리에 따라 이제] 행복은 행위의 목적들 가운데 하나라는, 따라서 도덕의 기준들 가운데 하나라는 지위를 얻게 되었다.

But it has not, by this alone, proved itself to be the sole criterion. To do that, it would seem, by the same rule, necessary to show, not only that people desire happiness, but that they never desire anything else.

그러나 이것만으로는 행복이 유일한 기준이라는 것을 증명한 것은 아니다. 그것을 증명하기 위해서는 같은 규칙에 의해서, 사람들이 행복을 갈망할 뿐만 아니라, 사람들은 다른 어떤 것도 갈망하지 않는다는 것을 보여줄 필요가 있어 보인다.

Now it is palpable that they do desire things which, in common language, are decidedly distinguished from happiness. They desire, for example, virtue, and the absence of vice, no less really than pleasure and the absence of pain. The desire of virtue is not as universal, but it is as authentic a fact, as the desire of happiness.

그런데, 사람들은 통상적 표현으로 행복과 확실히 구별되는 것들도 원한다는 것은 분명해 보인다. 사람들은 예를 들어 쾌락이나 고통의 부재 못지않게, 미덕, 그리고 악의 부재를 갈구한다. 미덕의 욕구는 행복만큼 보편적이지는 않더라도, 행복에 대한 갈구 못지않게 하나의 진정한 사실이다.

And hence the opponents of the utilitarian standard deem that they have a right to infer that there are other ends of human action besides happiness, and that happiness is not the standard of approbation and disapprobation.

그래서 공리주의적 기준에 대해 반대하는 사람들은 인간 행동에 다른 목적들이 있으며, 행복은 용인과 불용의 기준이 될 수 없다고 결론지을 권리가 있다고 여긴다.

But does the utilitarian doctrine deny that people desire virtue, or maintain that virtue is not a thing to be desired? The very reverse. It maintains not only that virtue is to be desired, but that it is to be desired disinterestedly, for itself.

그러나 공리주의 신조가 사람들이 미덕을 갈구한다는 것을 부인하거나 미덕은 바람직한 것이 아니라고 주장하는가? 오히려 정반대다. 공리주의는 미덕은 갈구되어야 할 뿐만 아니라, 그 자체로서 이해 관계를 떠나 갈구되어야 한다고 주장한다. [desire의 의미가 드러나도록 '갈구하다'로 옮겼다.]

♠ Whatever may be the opinion of utilitarian moralists as to the original conditions by which virtue is made virtue; however they may believe (as they do) that actions and dispositions are only virtuous because they promote another end than virtue; yet this being granted, and it having been decided, from considerations of this description, what *is* virtuous, they not only place virtue at the very head of the things which are good as means to the ultimate end, but they also recognise as a psychological fact the possibility of its being, to the individual, a good in itself, without looking to any end beyond it; and hold, that the mind is not in a right state, not in a state conformable to Utility, not in the state most conducive to the general happiness, unless it does love virtue in this manner—as a thing desirable in itself, even although, in the individual instance, it should not produce those other desirable consequences which it tends to produce, and on account of which it is held to be virtue.

미덕이 미덕이 되는 원래의 조건들에 대한 공리주의 도덕론자들의 의견이 어떻든지, 그리고 행위나 성향은 (공리주의자들이 믿듯이) 미덕과 구별되는 다른 목적을 증진시키기 때문에 미덕이 된다는 명제를 그들이 어떠한 방식으로 믿든지, 이러한 점이 인정되고, 앞서 언급된 그런 고려 사항에 따라 무엇이 미덕인지 결정되었다는 것을 전제로 하더라도, 그들[공리주의 도덕론자들]은 미덕을 궁극적 목적을 위한 하나의 수단이기에 선이 되는 것들 가운데 으뜸으로 간주할 뿐 아니라, 개인에게는 미덕 그 자체를 넘어서는 어떤 목적을 생각함이 없이 그 자체로서 목적이 될 수 있음을 심리적 사실의 하나로 인정한다. 아울러, 미덕이 보통 만들어내며, 그것 때문에 미덕으로 여겨지게 되는 그런 다른 바람직한 결과들을 개별 사안에서는 만들어내지 못한다 하더라도, 이러한 방식으로, 즉 그 자체로서 바람직한 것으로, 미덕을 사랑하지 않는다면 그 마음은 올바른 상태에 있는 것이 아니며, 효용 원칙에 부합하는 상태가 아니고, 또한 일반 행복에 가장 기여하는 그러한 상태에 있는 것이 아니라고 그들은 생각한다. [공리주의에 따르면 미덕은 그 자체가 목적이 아니고 수단이지만, 미덕을 실행하는 개인의 관점에서 심리적으로 이를 목적으로 생각하는 것은 자연스러운 일이며, 더 나아가 목적으로 생각하는 것이 더 바람직하다는 의미로 요약된다.]

This opinion is not, in the smallest degree, a departure from the Happiness principle. The ingredients of happiness are very various, and each of them is desirable in itself, and not merely when considered as swelling an aggregate.

이러한 견해는 행복 원칙으로부터의 괴리가 전혀 아니다. 행복의 재료들은 매우 다양하고, 각각 그 자체로서 바람직하며, 전체를 확대시킨다고 여겨질 때만 바람직한 것도 아니다.

The principle of utility does not mean that any given pleasure, as music, for instance, or any given exemption from pain, as for example health, is to be looked upon as means to a collective something termed happiness, and to be desired on that account. They are desired and desirable in and for themselves; besides being means, they are a part of the end.

효용 원칙은 어떤 하나의 쾌락이 (예를 들어 음악이), 또는 어떤 고통의 부재가 (예를 들어 건강이) 행복이라고 불리는 어떤 집합적인 무엇을 위한 수단으로서 간주되어야 하고, 또 그렇기에 갈구되어야 한다고 말하지 않는다. 그것들은 그 자체로서 갈구되고, 또 갈구될 만한 것이다. 수단이 됨과 동시에 목적의 한 부분이 된다.

Virtue, according to the utilitarian doctrine, is not naturally and originally part of the end, but it is capable of becoming so; and in those who love it disinterestedly it has become so, and is desired and cherished, not as a means to happiness, but as a part of their happiness.

공리주의는, 미덕은 자연적으로 그리고 기원적으로 목적의 한 부분이 아니지만, 목적의 한 부분이 될 수 있다고 말한다. 그리고 미덕을 이해 관계를 떠나 사랑하는 사람에게는 이미 미덕은 목적이 되었으며, 행복을 위한 수단으로서가 아니라 그들 행복의 한 부분으로 갈구되고 소중한 것으로 여겨지게 된다.

To illustrate this farther, we may remember that virtue is not the only thing, originally a means, and which if it were not a means to anything else, would be and remain indifferent, but which by association with what it is a means to, comes to be desired for itself, and that too with the utmost intensity.

이 점을 더 분명히 보여주기 위해, 원래는 수단이며 다른 어떤 것을 위한 수단이 아니라면 관심의 대상도 되지 못했을, 그러나 그것이 수단이 되는 목적과의 연상 작용에 의해서 그 자체로서 갈구되고, 더군다나 극도의 강렬함으로 갈구되는 그런 것들 가운데 미덕은 하나일 뿐이라는 점을 기억할 필요가 있다.

What, for example, shall we say of the love of money? There is nothing originally more desirable about money than about any heap of glittering pebbles. Its worth is solely that of the things which it will buy; the desires for other things than itself, which it is a means of gratifying.

예를 들어 돈에 대한 사랑에 대해 어떻게 말하겠는가? 원래 반짝이는 조약돌 무더기보다 돈이 더 바람직할 것도 없을 것이다. 돈의 가치는 오직 돈이 살 수 있는 물건의 가치다. [돈에 대한 욕망은] 돈 그 자체가 아닌 돈이 충족의 수단이 되는 다른 것들에 대한 욕망이다.

♠ Yet the love of money is not only one of the strongest moving forces of human life, but money is, in many cases, desired in and for itself; the desire to possess it is often stronger than the desire to use it, and goes on increasing when all the desires which point to ends beyond it, to be compassed by it, are falling off.

그러나 돈에 대한 사랑은 인간의 삶에 있어서 가장 강렬한 원동력 중의 하나일 뿐만 아니라, 돈은 많은 경우 그 자체로서 욕망된다. 돈을 소유하고자 하는 욕망은 그것을 사용하고자 하는 욕망보다 종종 더 강렬하며, 돈을 넘어서며, 돈에 의해서 충족되는 목적들을 향하는 다른 모든 욕망들은 이제 감소할 때에도, 돈에 대한 소유욕은 계속 증가하기만 한다.

It may, then, be said truly, that money is desired not for the sake of an end, but as part of the end. From being a means to happiness, it has come to be itself a principal ingredient of the individual's conception of happiness.

그렇다면 돈은 어떤 목적을 위해서가 아니라 그 목적의 한 부분으로 갈구된다고 진실되게 말할 수 있을 것이다. 행복의 수단이었던 것으로부터 개인의 행복에 대한 인식의 주된 구성요소가 되어 버린 것이다.

The same may be said of the majority of the great objects of human life—power, for example, or fame; except that to each of these there is a certain amount of immediate pleasure annexed, which has at least the semblance of being naturally inherent in them; a thing which cannot be said of money.

인간의 삶의 중요한 대상들의 다수에 대해서도 (예를 들어 권력이나 명성에 대해서) 같은 말을 할 수 있을 것이다. 단지 다른 점은 이들은 적어도 외관상으로는 그 자체에 자연적으로 내재하는 듯한, 즉각적인 부수적 쾌락이 어느 정도 존재한다는 것인데, 이는 돈에는 해당된다고 할 수 없다.

♠ Still, however, the strongest natural attraction, both of power and of fame, is the immense aid they give to the attainment of our other wishes; and it is the strong association thus generated between them and all our objects of desire, which gives to the direct desire of them the intensity it often assumes, so as in some characters to surpass in strength all other desires.

그러나 더더욱, 권력과 명성의 가장 강력한 자연적 매력은 이들이 우리의 다른 욕망들을 성취함에 있어 막대한 도움이 된다는 것이다. 권력과 명성에 대한 직접적 욕망에 (그 욕망에서 흔히 나타나는) 강렬함을 부여하여, 몇몇 사람들의 경우에는 다른 모든 욕망을 그 강력함에 있어서 능가하게끔 하는 것은, 이들[권력과 명성]과 우리의 다른 모든 욕망의 대상들 사이에 이와 같이 발생하는 강력한 연상 작용인 것이다.

In these cases the means have become a part of the end, and a more important part of it than any of the things which they are means to. What was once desired as an instrument for the attainment of happiness, has come to be desired for its own sake. In being desired for its own sake it is, however, desired as *part* of happiness.

이러한 경우 수단은 목적의 한 부분이 된 것이고, 그들이 수단이 되는 다른 목적들보다도 더 중요한 목적의 일부분이 된 것이다. 행복의 성취를 위한 수단으로서 한때 갈망했던 것이 그 자체로서 갈구하는 대상이 되어버린 것이다. 그러나 그 자체로서 갈구된다는 면에서, 그것은 행복의 한 부분으로 갈구되는 것이다.

The person is made, or thinks he would be made, happy by its mere possession; and is made unhappy by failure to obtain it. The desire of it is not a different thing from the desire of happiness, any more than the love of music, or the desire of health. They are included in happiness. They are some of the elements of which the desire of happiness is made up. Happiness is not an abstract idea, but a concrete whole; and these are some of its parts.

사람은 그것[돈, 권력, 명예와 같이 수단이 목적의 일부가 된 것]의 소유에 의해 행복해지고 또는 행복해진다고 생각하며, 그것을 얻지 못하게 되면 불행해진다. 음악에 대한 사랑이나 건강에 대한 욕구가 행복에의 욕망과 다르지 않듯, 그것에 대한 욕망은 행복에의 욕망과 다르지 않다. 이러한 것들은 행복에 포함되며, 행복에의 욕망을 구성하는 요소들의 일부다. 행복은 추상적인 개념이 아니며, 구체적인 전체인데, 이들은 행복의 몇몇 부분들인 것이다.

♠ And the utilitarian standard sanctions and approves their being so. Life would be a poor thing, very ill provided with sources of happiness, if there were not this provision of nature, by which things originally indifferent, but conducive to, or otherwise associated with, the satisfaction of our primitive desires, become in themselves sources of pleasure more valuable than the primitive pleasures, both in permanency, in the space of human existence that they are capable of covering, and even in intensity.

그리하여 공리주의적 기준은 그들이 그렇다는 점을 승인하며 인정한다. 원래 관심의 대상이 아니었으나, 우리의 원초적인 욕망의 충족에 도움이 되거나 또는 다른 식으로 그 욕망의 충족과 연관 있는 것들이, 그것들이 포괄할 수 있는 인간 존재의 범위에 있어서의 영구성에 있어서나, 심지어 그 강렬함에 있어서 원초적 쾌락보다 그 자체로서 더 가치 있는 쾌락의 원천이 되게 하는 자연의 이러한 배려가 없다면, 인생은 그 행복의 원천이 매우 빈약한, 보잘것없는 것이리라.

Virtue, according to the utilitarian conception, is a good of this description. There was no original desire of it, or motive to it, save its conduciveness to pleasure, and especially to protection from pain.

미덕은 공리주의적 인식에 따르면 이와 같이 기술될 수 있는 선인 것이다. 쾌락을 증진하며 특히 고통으로부터의 보호에 도움이 된다는 것을 제외하고는, 기원적으로 원래 미덕에 대한 욕망이나 욕망에 대한 동기란 존재하지 않았다.

♠ But through the association thus formed, it may be felt a good in itself, and desired as such with as great intensity as any other good; and with this difference between it and the love of money, of power, or of fame, that all of these may, and often do, render the individual noxious to the other members of the society to which he belongs, whereas there is nothing which makes him so much a blessing to them as the cultivation of the disinterested love of virtue.

그러나 그 후 그렇게 형성된 연상을 통해서 그것은 그 자체로서의 선으로 느껴지게 되었고 다른 선들과 같은 강렬함으로 갈구되어졌다. 돈, 권력, 명성은, 어떤 사람이 속해 있는 사회의 다른 구성원들에게 해를 끼칠 수 있고, 또 실제로 종종 해를 끼치지만, 미덕에 대한 사심 없는 사랑의 함양처럼 그가 다른 구성원들에게 축복이 되게 하는 것은 없다는 면에서 미덕과 돈/권력/명성에 대한 사랑의 차이가 존재한다고 하겠다. [여기에서 with as great intensity와 with this difference가 병치가 되어 있다. 약간 의역.]

And consequently, the utilitarian standard, while it tolerates and approves those other acquired desires, up to the point beyond which they would be more injurious to the general happiness than promotive of it, enjoins and requires the cultivation of the love of virtue up to the greatest strength possible, as being above all things important to the general happiness.

그리하여 결과적으로 공리주의적 기준은 이러한 다른 획득된 욕망들[돈, 권력, 명성에의 욕망]에 대해서, 그들이 일반 행복을 증진하기보다 일반 행복에 해가 되는 그러한 선을 넘지 않는 범위까지 용인하고 인정하는 한편, 일반 행복에 무엇보다 중요한 것으로서, 미덕에 대한 사랑을 가능한 최고의 수준으로 개발할 것을 명령하며 요구한다.

It results from the preceding considerations, that there is in reality nothing desired except happiness. Whatever is desired otherwise than as a means to some end beyond itself, and ultimately to happiness, is desired as itself a part of happiness, and is not desired for itself until it has become so.

앞서의 이러한 점들을 고려할 때, 현실적으로 행복 이외에는 다른 어떤 것도 갈구되지 않는다고 결론지을 수 있다. 그 자체를 넘어서는 어떤 목적을 위한 수단이 아니면서, 그리고 궁극적으로 행복을 위한 수단이 아니면서 희원되는 것은, 그 자체가 행복의 한 부분으로 희원되는 것이며, 그것이 행복의 한 부분이 되기까지는 그 자체로서 희원되지는 않는다. ['be desired'를 '희원되다'와 '갈구되다'로 번역하였다.]

Those who desire virtue for its own sake, desire it either because the consciousness of it is a pleasure, or because the consciousness of being without it is a pain, or for both reasons united; as in truth the pleasure and pain seldom exist separately, but almost always together, the same person feeling pleasure in the degree of virtue attained, and pain in not having attained more.

미덕을 그 자체로서 희원하는 사람들은, 미덕을 의식하는 것이 쾌락이기 때문에, 또는 미덕이 부재하다는 의식이 고통이기 때문에, 또는 이 두 이유가 합쳐져서 미덕을 희원하는 것이다. 그리고 사실 쾌락과 고통이 개별적으로 존재하는 경우는 거의 없이, 거의 언제나 공존하기에, 같은 사람이 미덕이 획득되는 정도에 따라 기쁨을 느끼며, 더 획득되지 않는 정도에 따라 고통을 느끼게 된다.

If one of these gave him no pleasure, and the other no pain, he would not love or desire virtue, or would desire it only for the other benefits which it might produce to himself or to persons whom he cared for.

미덕의 획득이 기쁨을 주지 못하고 미덕의 부재가 고통을 주지 않는다면, 그 사람은 미덕을 사랑하거나 희원하지 않을 것이다. 또는 미덕이 자기 자신이나 그가 좋아하는 사람에게 발생시키는 다른 혜택 때문에 미덕을 희원하는 것이리라. [가정법 과거로 표현되었음을 주목하라.]

♠ We have now, then, an answer to the question, of what sort of proof the principle of utility is susceptible. If the opinion which I have now stated is psychologically true–if human nature is so constituted as to desire nothing which is not either a part of happiness or a means of happiness, we can have no other proof, and we require no other, that these are the only things desirable.

그렇다면, 이제 우리는 효용 원칙에 대해 어떤 종류의 증명이 가능한가에 대한 답을 찾은 것이다. 지금 내가 기술했던 의견이 심리적으로 사실이라면, 즉 행복의 일부분이거나 행복의 수단이 아닌 것은 희원하지 않도록 인간 본성이 구성되어 있다면, 이들만이 유일하게 바람직한 것이라는 명제에 대한 다른 증명은 있을 수 없고, 또 필요치도 않다.

If so, happiness is the sole end of human action, and the promotion of it the test by which to judge of all human conduct; from whence it necessarily follows that it must be the criterion of morality, since a part is included in the whole.

만일 그렇다면, 행복만이 인간 행위의 유일한 목적이고, 행복을 도모하는가 여부가 모든 인간 행위를 판단할 수 있는 시금석이 되며, (부분은 전체에 포괄되기에) 이로부터 행복이 도덕의 기준이 될 수밖에 없다는 결론이 나오게 된다.

And now to decide whether this is really so; whether mankind do desire nothing for itself but that which is a pleasure to them, or of which the absence is a pain; we have evidently arrived at a question of fact and experience, dependent, like all similar questions, upon evidence. It can only be determined by practised self-consciousness and self-observation, assisted by observation of others.

과연 그런가를, 즉 인류는 자신에게 쾌락이 되는 것만을, 또는 그것의 부재가 고통이

되는 그러한 것들만 희원하는가를 판단하기 위해서, 다른 모든 유사한 질문과 마찬가지로 증거에 근거한 사실과 경험의 [즉, 실증적] 문제에 이제 분명 도달하였다. 이 문제는 숙달된 자의식과 자기 성찰에 의해서만 (다른 사람들의 관찰에 의해 도움을 받아가며) 결정될 수 있다.

♠ I believe that these sources of evidence, impartially consulted, will declare that desiring a thing and finding it pleasant, aversion to it and thinking of it as painful, are phenomena entirely inseparable, or rather two parts of the same phenomenon; in strictness of language, two different modes of naming the same psychological fact: that to think of an object as desirable (unless for the sake of its consequences), and to think of it as pleasant, are one and the same thing; and that to desire anything, except in proportion as the idea of it is pleasant, is a physical and metaphysical impossibility.

이러한 증거의 원천들은 편견 없이 참조된다면 다음과 같이 천명하리라 믿는다. 즉, 어떤 것을 바라는 것과 그것이 즐거움을 준다는 것, 그리고 어떤 것을 혐오하는 것과 그것을 떠올리는 것이 고통이라는 것은 완전히 불가분의 관계 또는 같은 현상의 두 부분이며, 엄격하게 표현하면 동일한 심리적 사실에 대한 두 다른 표현이라고 말이다. 어떤 대상이 (그것의 결과 때문이 아니면서) 바람직한 것이라 생각하는 것과 그것을 즐거운 것이라고 생각하는 것은 같은 말이며, 그것이 쾌락이라는 생각에 연동되지 않으면서 어떤 것을 바란다는 것은 물리적으로나 형이상학적으로 불가능하다는 것이다.

♠ So obvious does this appear to me, that I expect it will hardly be disputed: and the objection made will be, not that desire can possibly be directed to anything ultimately except pleasure and exemption from pain, but that the will is a different thing from desire; that a person of confirmed virtue, or any other person whose purposes are fixed, carries out his purposes without any thought of the pleasure he has in contemplating them, or expects to derive from their fulfilment; and persists in acting on them, even though these pleasures are much diminished, by changes in his character or decay of his passive sensibilities, or are outweighed by the pains which the pursuit of the purposes may bring upon him.

이러한 점은 내게 너무도 자명해 보여 이에 대한 반박은 거의 없을 것이라 기대한다. [이에 대해] 즐거움이나 고통의 면제가 아닌, 다른 궁극적인 어떤 것으로 욕망의 방향이 정해질 수 있다는 반대보다는, 의지는 욕망과 다른 것이라는 반대가 있을 수 있다. 즉, 확고한 미덕을 갖춘 사람이나 목적이 확고한 다른 어떤 사람도, 그 목적을 숙고함에 있어서 얻는 쾌락이나 그 목적을 성취했을 때 도출되는 쾌락에 대해서 어떤 고려도 하지 않은 채 그 목적을 수행한다는 것이다. 또한 설사 그러한 쾌락들이 그의 성격의 변화나 수동적 감성[뒤에 따라오는 문장에서 '욕망'을 의미함을 알 수 있다.]의 쇠퇴에 의해서 심각하게 감소하더라도, 또는 그 목적 추구가 그에게 가져오는 고통에 의해서 쾌락이 압도되더라도 그 목적을 끈질기게 추구한다는 것이다.

♠ All this I fully admit, and have stated it elsewhere, as positively and emphatically as any one. Will, the active phenomenon, is a different thing from desire, the state of passive sensibility, and though originally an offshoot from it, may in time take root and detach itself from the parent stock; so much so, that in the case of an habitual purpose, instead of willing the thing because we desire it, we often desire it only because we will it.

이 모든 것을 나는 온전히 수긍하며, 다른 곳에서 이를 누구 못지않게 분명하고 단호하게 언급한 바 있다. 의지는 적극적 현상으로, 수동적 감성의 상태인 욕망과 구별된다. 의지는 욕망에서 기원하며, 때가 되어 스스로 뿌리내리고 원래의 무리에서 자신을 분리할 수 있더라도 말이다. 둘은 너무도 분명히 구별되기에, 습관적인 목적의 경우에는 우리가 욕망하기 때문에 그것을 의지[will]하는 것이 아니라 우리는 종종 오직 의지하기에 그것을 욕망하게 된다. [앞에서, 'an habitual'은 발음상 그렇게 쓰이기도 하는 것 같다.]

This, however, is but an instance of that familiar fact, the power of habit, and is nowise confined to the case of virtuous actions. Many indifferent things, which men originally did from a motive of some sort, they continue to do from habit.

그러나 이는 습관의 힘이라는 익숙한 사실의 한 예일 뿐이며, 결코 미덕적 행위의 경우에 국한되지 않는다. 어떤 동기에 의해서 시작한 많은 그냥 그런 일들을 사람들은 습관적으로 지속한다.

♠ Sometimes this is done unconsciously, the consciousness coming only after the action: at other times with conscious volition, but volition which has become habitual, and is put in operation by the force of habit, in opposition perhaps to the deliberate preference, as often happens with those who have contracted habits of vicious or hurtful indulgence.

이것은 종종 무의식적으로 행해지며, 행위가 행해진 후에 그것이 의식되기도 한다. 어떤 때는 의식적 의지에 의해서 행해지지만, 사악하거나 해로운 탐닉의 습관에 빠진 사람들에게 흔히 일어나듯이, (신중한 선호에 아마도 대비된다고 할 수 있는) 습관화된 그리하여 습관의 힘에 의해서 작용하는 그런 의지에 의해서 말이다.

Third and last comes the case in which the habitual act of will in the individual instance is not in contradiction to the general intention prevailing at other times, but in fulfilment of it; as in the case of the person of confirmed virtue, and of all who pursue deliberately and consistently any determinate end.

마지막으로 세 번째는, 개별적 사안에 있어서의 의지의 습관적 행위가, 다른 경우에 지배적인 일반적 의도와 충돌하지 않으며, 그 의도를 충족하는 경우이다. 확고한 미덕을 갖춘 사람과 어떤 명확한 목적을 신중하고 일관되게 추구하는 사람들의 경우가 그렇다.

The distinction between will and desire thus understood is an authentic and highly important psychological fact; but the fact consists solely in this—that will, like all other parts of our constitution, is amenable to habit, and that we may will from habit what we no longer desire for itself or desire only because we will it.

이렇게 이해되는 의지와 욕망의 구분은 진짜이며 매우 중요한 심리적 사실이다. 그러나 진실은 오직 다음과 같은 점에 있다. 즉, 우리를 본성적으로 구성하고 있는 모든 다른 부분들과 마찬가지로 의지도 습관화될 수 있다는, 그래서 그 자체로 우리가 더 이상 욕망하지 않는 것을 습관에 의해 의지[will]하거나, 또는 우리가 오로지 의지하기 때문에 욕망할 수도 있다는 점이다.

It is not the less true that will, in the beginning, is entirely produced by desire; including in that term the repelling influence of pain as well as the attractive one of pleasure.

애초에 의지는 (고통의 밀어내는 영향과 쾌락의 끌어들이는 영향 모두를 포함하는 용어로서의) 욕망에 의해 완전히 만들어진다는 것도 분명 사실이다.

Let us take into consideration, no longer the person who has a confirmed will to do right, but him in whom that virtuous will is still feeble, conquerable by temptation, and not to be fully relied on; by what means can it be strengthened? How can the will to be virtuous, where it does not exist in sufficient force, be implanted or awakened? Only by making the person *desire* virtue—by making him think of it in a pleasurable light, or of its absence in a painful one.

옳은 행동을 하려는 확고한 의지를 가진 사람 말고, 미덕의 의지가 아직 미약하여 유혹에 쉽게 무너지며, 그 의지를 완전하게는 의존하기 힘든 그런 사람을 고려해 보기로 하자. 미덕의 의지가 무슨 방법으로 강화될 수 있을까? 미덕의 의지가 충분한 힘을 갖추지 못한 사람에게, 그 의지는 어떻게 이식되거나 일깨워질 수 있을까? 그 사람이 미덕을 욕망하게 만듦으로써, 즉 그가 미덕을 즐거운 것으로 생각하게 또는 미덕의 부재가 고통스러운 것으로 생각하게 만듦으로써 오직 가능하다.

♠ It is by associating the doing right with pleasure, or the doing wrong with pain, or by eliciting and impressing and bringing home to the person's experience the pleasure naturally involved in the one or the pain in the other, that it is possible to call forth that will to be virtuous, which, when confirmed, acts without any thought of either pleasure or pain. Will is the child of desire, and passes out of the dominion of its parent only to come under that of habit.

올바른 행동이 쾌락을, 그릇된 행동이 고통을 연상하게 함으로써, 또는 올바른 행동이나 그릇된 행동에 자연적으로 연관된 쾌락과 고통을 이끌어내고, 인상 지우고, 그 사람이 경험하게 함으로써, 미덕을 행하려는 그 의지를 불러일으키는 것이 가능한 바, 그 의지가 일단 확고해지면 쾌락이나 고통의 생각이 없이도 작용하게 된다. 의지는 욕망의 자식으로, 그 부모의 영역에서 벗어나서는 다시 습관의 영역으로 들어간다.

♠ That which is the result of habit affords no presumption of being intrinsically good; and there would be no reason for wishing that the purpose of virtue should become independent of pleasure and pain, were it not that the influence of the pleasurable and painful associations which prompt to virtue is not sufficiently to be depended on for unerring constancy of action until it has acquired the support of habit.

습관의 결과인 것은 내재적으로 선한 것으로 간주되지 않는다. 그리고 미덕을 일으키는 쾌락이나 고통의 연상 작용의 영향은, 습관의 지지를 획득하기 전까지는, 행동의 흔들리지 않는 일관성을 위해서 의존하기에 불충분하다는 사실만 아니면, 미덕의 목적이 쾌락과 고통으로부터 독립적이 되기를 바랄 아무런 이유도 존재하지 않을 것이다. [부모의 영역, 즉 욕망의 영역에서 의지는 충분히 강하지 않아서, 욕망에서 독립되어 습관의 영역으로 들어가야 미덕이 확고해지기 때문이라는 논리다.]

♠ Both in feeling and in conduct, habit is the only thing which imparts certainty; and it is because of the importance to others of being able to rely absolutely on one's feelings and conduct, and to oneself of being able to rely on one's own, that the will to do right ought to be cultivated into this habitual independence.

감정이나 행동 모두에서 오직 습관만이 확실성을 보장한다. 그래서 올바른 행동을 하려는 의지가 이러한 습관적 독립성을 획득하도록 개발되어야 하는 것은, 어떤 한 사람의 감정과 행동에 절대적으로 의존할 수 있음이 다른 사람들에게 미치는 중요성과, 그 사람 자신의 감정과 행동에 자신이 의존할 수 있음이 자기 자신에게 미치는 중요성 때문이다. [의미를 분명히 하기 위해서 간략함을 희생하고 번역하였다.]

In other words, this state of the will is a means to good, not intrinsically a good; and does not contradict the doctrine that nothing is a good to human beings but in so far as it is either itself pleasurable, or a means of attaining pleasure or averting pain.

달리 말하자면, 의지의 이러한 상태는 선을 위한 수단이지, 내재적으로 [그 자체로서의] 선은 아니며, 그리하여 그 자체로서 쾌락이거나, 쾌락을 획득하고 고통을 회피하게 하는 수단일 경우에만 어떤 것이 선이 된다는 공리주의 원칙에 배치되지 않는다. [올바른 행동을 하려는 습관화된 의지는 그 자체로서 선은 아니지만, 선을 위한 수단이므로 바람직한 것이고, 따라서 쾌락이 수반되지 않는 의지의 행동도 공리주의 원칙에 따른 선과 모순되지 않는다는 것이다.]

But if this doctrine be true, the principle of utility is proved. Whether it is so or not, must now be left to the consideration of the thoughtful reader.

이 믿음이 사실이라면, 효용 원칙은 증명된 것이다. 이 믿음이 사실인지 아닌지의 판단은 이제 사려 깊은 독자의 몫이 되었다.

Chapter V

On the Connection between Justice and Utility
정의와 효용의 관련성에 대하여

In all ages of speculation, one of the strongest obstacles to the reception of the doctrine that Utility or Happiness is the criterion of right and wrong, has been drawn from the idea of justice.

사유의 모든 시대에 걸쳐, 효용 또는 행복이 선악의 기준이라는 신조를 수용함에 있어 가장 강력한 장애물 가운데 하나는 정의라는 개념과 관련이 있다.

♠ The powerful sentiment, and apparently clear perception, which that word recalls with a rapidity and certainty resembling an instinct, have seemed to the majority of thinkers to point to an inherent quality in things; to show that the just must have an existence in Nature as something absolute, generically distinct from every variety of the Expedient, and, in idea, opposed to it, though (as is commonly acknowledged) never, in the long run, disjoined from it in fact.

정의라는 말이 본능과 같이 신속하고 확실하게 불러일으키는 강력한 정서, 그리고 그 외견상 분명한 인식은, 대다수의 사상가들에게 사물에 있어서 타고난 하나의 본질적 특성을 가리키는 것처럼 생각되었고, (보통 인정되듯이) 장기적으로는 사실 편의와 결코 분리되지 않음에도 불구하고, 정의로운 것[the just]은 어떤 절대적인 것으로서 자연에 존재하여, 여러 형태의 편의적인 것[the Expedient]과는 일반적으로 구분되며, 그리고 개념적으로 편의에 반대됨을 보여주는 것처럼 생각되었다.

In the case of this, as of our other moral sentiments, there is no necessary connection between the question of its origin, and that of its binding force. That a feeling is bestowed on us by Nature, does not necessarily legitimate all its promptings. The feeling of justice might be a peculiar instinct, and might yet require, like our other instincts, to be controlled and enlightened by a higher reason.

다른 도덕적 정서들에 있어서와 같이 이 경우에도, 그 기원에 대한 질문과 그것의 구속력에 대한 질문 사이에는 필연적인 관계가 존재하지 않는다. 어떤 감정이 자연에 의해 우리에게 주어진 것이라고 해서, 그 감정의 모든 유발됨이 반드시 정당화된다고 할 수 없다. 정의감은 하나의 특별한 본능일지 모르지만, 우리의 다른 본능들과 마찬가지로 더 고차원의 이성에 의해 통제되고 깨우쳐져야 할지도 모른다.

♠ If we have intellectual instincts, leading us to judge in a particular way, as well as animal instincts that prompt us to act in a particular way, there is no necessity that the former should be more infallible in their sphere than the latter in theirs: it may as well happen that wrong judgments are occasionally suggested by those, as wrong actions by these.

우리가 지적 본능들을 소유하여, 우리를 특별한 방식으로 '행동'하도록 촉발하는 동물적 본능과 같이, 이 지적 본능들이 어떤 특별한 방식으로 '판단'하도록 우리를 이끈다 하더라도, 지적 본능들이 자신의 영역에서, 동물적 본능이 해당 영역에서 그런 것보다, 더 오류가 없을 것이라는 필연성은 존재하지 않는다. 동물적 본능[these]이 잘못된 행동을 제시하듯, 지적 본능[those]이 잘못된 판단을 얼마든지 제시할 수 있다.

But though it is one thing to believe that we have natural feelings of justice, and another to acknowledge them as an ultimate criterion of conduct, these two opinions are very closely connected in point of fact.

그러나 우리가 자연적인 정의의 감정들을 가지고 있다고 믿는 것과, 그 감정들을 궁극적인 행동의 기준으로서 받아들이는 것은 별개의 문제라 하더라도, 이 두 의견이 매우 긴밀하게 연결되어 있는 것이 사실이다.

♠ Mankind are always predisposed to believe that any subjective feeling, not otherwise accounted for, is a revelation of some objective reality. Our present object is to determine whether the reality, to which the feeling of justice corresponds, is one which needs any such special revelation; whether the justice or injustice of an action is a thing intrinsically peculiar, and distinct from all its other qualities, or only a combination of certain of those qualities, presented under a peculiar aspect.

사람은 어떤 주관적인 감정이 달리 설명되지 않으면, 어떤 객관적인 실재의 계시라고 믿는 성향을 언제나 가지고 있다. 우리의 지금 목적은, 정의의 감정이 대응하는 그 실재가 그런 특별한 계시를 필요로 하는 것인지를 판단하고, 또한 어떤 행위의 정의 여부가 내재적으로 특별한 것이어서 그 행위의 다른 모든 성질들과 구별되는 것인지, 아니면 어떤 특별한 측면을 가지고 나타나는 그러한 성질들의 특정한 조합일 뿐인지를 판단하는 것이다.

For the purpose of this inquiry it is practically important to consider whether the feeling itself, of justice and injustice, is *sui generis* like our sensations of colour and taste, or a derivative feeling, formed by a combination of others.

이러한 탐색의 목적상, 정의와 불의의 감정 자체가 색이나 맛에 대한 감각과 같이 독특한 것인지, 또는 다른 감정들의 조합에 의해 만들어지는 파생적 감정인지를 고려하는 것이 실제적인 면에서 중요하다.

♠ And this it is the more essential to examine, as people are in general willing enough to allow, that objectively the dictates of justice coincide with a part of the field of General Expediency; but inasmuch as the subjective mental feeling of justice is different from that which commonly attaches to simple expediency, and, except in the extreme cases of the latter, is far more imperative in its demands, people find it difficult to see, in justice, only a particular kind or branch of general utility, and think that its superior binding force requires a totally different origin.

그리고, 객관적으로 정의의 명령이 사회 일반의 편의의 영역 일부와 일치한다는 것을 사람들은 일반적으로 쉽게 받아들이지만, 정의의 주관적 감정이 단순한 편의에 흔히 따라오는 감정과 다르고 (편의가 꼭 필요한 극단적인 사례를 제외하면) 그 요구가 훨씬 더 강력하기 때문에, 사람들은 정의가 일반 효용의 특별한 종류 또는 가지일 뿐이라는 사실을 잘 보지 못하고, 정의의 우월한 구속력은 완전히 다른 기원을 요구한다고 생각하기 때문에, [바로 앞 문장에서 제시된] 이 문제를 살펴보는 것이 더욱더 필수적이다.

To throw light upon this question, it is necessary to attempt to ascertain what is the distinguishing character of justice, or of injustice: what is the quality, or whether there is any quality, attributed in common to all modes of conduct designated as unjust (for justice, like many other moral attributes, is best defined by its opposite), and distinguishing them from such modes of conduct as are disapproved, but without having that particular epithet of disapprobation applied to them.

이 문제를 밝히기 위해서는, 정의 또는 불의의 구별되는 특성이 무엇인지 확인해 볼 필요가 있다. 즉, (다른 많은 도덕적 특성들과 같이, 정의는 그 반대 개념에 의해서 가장 잘 정의되므로) 불의하다고 지적되는 행동의 모든 방식들을 공통적으로 특징짓고, 못마땅히 여겨지지만 불의하다는 특별한 반감의 별칭으로 불려지지는 않는 행동의 양식과 구별짓는, 그러한 특성은 무엇인지, 과연 그런 특성이 존재하는지 등을 말이다.

♠ If in everything which men are accustomed to characterise as just or unjust, some one common attribute or collection of attributes is always present, we may judge whether this particular attribute or combination of attributes would be capable of gathering round it a sentiment of that peculiar character and intensity by virtue of the general laws of our emotional constitution, or whether the sentiment is inexplicable, and requires to be regarded as a special provision of Nature. If we find the former to be the case, we shall, in resolving this question, have resolved also the main problem: if the latter, we shall have to seek for some other mode of investigating it.

만일 사람들이 익숙하게 정의롭다거나 불의하다고 특징짓는 모든 것에 어떤 하나의 공통된 특성이나 특성들의 집합이 항상 발견된다면, 우리는 이 특별한 특성이나 특성들의 집합이 그 주위에, 우리의 정서적 체질의 일반 법칙의 힘으로 그 특별한 성격과 강도의 [정의의] 정서를 불러일으킬 수 있는 것인지, 아니면 그 감성은 불가해한 것으로 자연이 특별히 제공하는 것으로 간주해야 하는 것인지 판단할 수 있을 것이다. 만일 전자가 맞는다면, 이 질문의 해결을 통해, 동시에 주요 문제[앞에서 언급한 정의의 내재성 여부]를 해결한 것일 테고, 만일 후자가 맞는다면 그 문제를 살펴보기 위해 다른 방식을 찾아야 할 것이다.

To find the common attributes of a variety of objects, it is necessary to begin by surveying the objects themselves in the concrete. Let us therefore advert successively to the various modes of action, and arrangements of human affairs, which are classed, by universal or widely spread opinion, as Just or as Unjust. The things well known to excite the sentiments associated with those names are of a very multifarious character. I shall pass them rapidly in review, without studying any particular arrangement.

다양한 대상의 공통된 특성을 발견하기 위해서는, 그 대상들 자체를 구체적으로 개관하는 것으로 시작할 필요가 있다. 따라서, 보편적인 또는 널리 파급된 의견에 의해 정의롭다거나 불의하다고 분류되는 행위의 다양한 양식들과 인간사의 처리 방식들에 대해 차례대로 주의를 기울여 보자. 정의나 불의라는 이름과 연계된 정서들을 불러일으킨다고 잘 알려진 것들은 매우 다양한 특성을 가지고 있다. 나는 특별한 순서 없이 이들을 간략히 검토하려 한다.

In the first place, it is mostly considered unjust to deprive any one of his personal liberty, his property, or any other thing which belongs to him by law. Here, therefore, is one instance of the application of the terms just and unjust in a perfectly definite sense, namely, that it is just to respect, unjust to violate, the *legal rights* of any one.

첫째로, 어떤 사람으로부터 그의 개인적 자유나, 재산이나, 또는 법적으로 그에게 귀속된 다른 어느 것이라도 빼앗는 것은 대부분 정의롭지 못하다고 여겨진다. 따라서 여기에 정의롭다거나 불의하다는 용어를 완전히 분명한 의미로 적용하는 하나의 예가 있다. 즉, 어떤 사람의 법적 권리를 존중하는 것은 정의롭고, 침해하는 것은 불의하다.

But this judgment admits of several exceptions, arising from the other forms in which the notions of justice and injustice present themselves. For example, the person who suffers the deprivation may (as the phrase is) have *forfeited* the rights which he is so deprived of: a case to which we shall return presently. But also,

그러나 이 판단은, 정의나 불의의 개념의 다른 형태들로부터 발생하는 여러 가지 예외들을 수용하게 된다. 예를 들어 빼앗김을 당한 사람은 그가 빼앗김을 당한 그 권리를 (그런 표현이 있듯이) [법적으로 정당하게] '몰수'당한 것일 수도 있다. 이런 경우에 대해서는 곧 다시 논의할 것이다. 그러나 또한,

---

Secondly; the legal rights of which he is deprived, may be rights which *ought* not to have belonged to him; in other words, the law which confers on him these rights, may be a bad law. When it is so, or when (which is the same thing for our purpose) it is supposed to be so, opinions will differ as to the justice or injustice of infringing it.

둘째로, 그가 빼앗긴 법적 권리가 애초에 그에게 귀속되어서는 안 되었을 그런 권리일 수 있다. 다시 말해 그에게 이러한 권리들을 부여한 법이 악법일 수 있다. 그런 경우에는, 또는 (우리의 목적상 같은 것이 되겠지만) 그렇다고 여겨지는 경우에는, 그 법을 위반하는 것이 정의로운 것인지 불의한 것인지에 관해 의견이 갈리게 될 것이다.

Some maintain that no law, however bad, ought to be disobeyed by an individual citizen; that his opposition to it, if shown at all, should only be shown in endeavouring to get it altered by competent authority.

어떤 법이 아무리 악법이라도 개개의 시민이 그것에 불복해서는 안 되며, 그 법에 대해 어떻게든 반대를 표현해야 한다면 그럴 능력이 있는 권위에 의해서 개정되도록 노력하는 방식이 되어야 한다고 주장하는 사람도 있다.

♠ This opinion (which condemns many of the most illustrious benefactors of mankind, and would often protect pernicious institutions against the only weapons which, in the state of things existing at the time, have any chance of succeeding against them) is defended, by those who hold it, on grounds of expediency; principally on that of the importance, to the common interest of mankind, of maintaining inviolate the sentiment of submission to law.

이 견해는 (인류에게 혜택을 가져온 가장 걸출했던 인물들 다수를 비판하는 것이고, 사악한 제도에 대항하여 현존하는 상태에서 성공할 가능성이 조금이라도 있는 유일

한 무기들로부터 그 사악한 제도를 종종 보호하게 될 터인데) 그 주장자들에 의해 편의를 근거로, 법에의 복종이라는 정서의 불가침성을 유지하는 것이 인류의 공동 이익에 미치는 중요성을 주요 근거로 하여 옹호된다.

Other persons, again, hold the directly contrary opinion, that any law, judged to be bad, may blamelessly be disobeyed, even though it be not judged to be unjust, but only inexpedient; while others would confine the licence of disobedience to the case of unjust laws: but again, some say, that all laws which are inexpedient are unjust; since every law imposes some restriction on the natural liberty of mankind, which restriction is an injustice, unless legitimated by tending to their good.

한편 정반대로, 어느 법이라도 악법이라고 판단되면, 심지어 불의하지는 않지만 편의에 반한다는 이유만으로도 불복종하는 것이 정당하다고 주장하는 이들도 있다. 또 다른 사람들은 불복종이 용인되는 범위를 불의한 법의 경우로 한정지으려 한다. 또 다른 사람들은 편의에 반하는 모든 법은 불의하다고 말하는데, 모든 법은 인간의 자연적 자유에 어떤 형태로든 제약을 가하는 것으로, 그 제약은 인간에게 선을 가져오는 경향에 의해 정당화되지 않는다면 그 제약은 불의이기 때문이라는 것이다.

Among these diversities of opinion, it seems to be universally admitted that there may be unjust laws, and that law, consequently, is not the ultimate criterion of justice, but may give to one person a benefit, or impose on another an evil, which justice condemns.

이러한 다양한 의견들 사이에서도, 불의한 법이 존재할 수 있고, 따라서 법이 정의의 궁극적인 기준은 아니며, 정의가 비난하는 바 법은 어떤 이에게는 혜택을, 어떤 이에게는 해악을 가져올 수 있다는 점은 보편적으로 받아들여지고 있다.

♠ When, however, a law is thought to be unjust, it seems always to be regarded as being so in the same way in which a breach of law is unjust, namely, by infringing somebody's right; which, as it cannot in this case be a legal right, receives a different appellation, and is called a moral right. We may say, therefore, that a second case of injustice consists in taking or withholding from any person that to which he has a *moral right*.

그러나 어떤 법이 정의롭지 못하다고 생각될 때, 법의 위반이 정의롭지 못하다는 것과 같은 방식으로, 즉 누군가의 권리를 침해하기 때문에, 그 법이 정의롭지 못하다고 여겨지는 것 같다. 이런 경우에는 그 사람의 권리라는 것은 법적 권리가 될 수 없기 때문에 다른 명칭이 부여되어, 도덕적 권리라고 불린다. [정의롭지 못한 법 때문에 어떤 사람의 마땅한 권리가 보장되지 못할 경우, 그 법에 따르자면 법적 권리가 없는 것이므로 법적 권리라 부를 수 없고, 도덕적 권리라고 부른다는 의미.] 따라서, 우리는 불의의 두 번째 경우가, 어떤 사람이 그것에 대해 도덕적 권리를 가지고 있는 어떤 것을 빼앗거나 주지 않는 경우에 있다고 말할 수 있다.

Thirdly, it is universally considered just that each person should obtain that (whether good or evil) which he *deserves*; and unjust that he should obtain a good, or be made to undergo an evil, which he does not deserve. This is, perhaps, the clearest and most emphatic form in which the idea of justice is conceived by the general mind. As it involves the notion of desert, the question arises, what constitutes desert?

세 번째로, 각 사람은 선이건 악이건 그에게 마땅한 것을 얻는 것은 보편적으로 정의롭다고 여겨지며, 그가 마땅치 않은 선을 얻는다거나, 또는 마땅치 않은 악을 겪어야 하는 것은 보편적으로 불의한 것이라고 여겨진다. 이것이 아마도 보통 사람들이 생각하는 정의의 개념이 갖는 가장 분명하고 확실한 형태일 것이다. 어떤 사람의 마땅한 몫이라는 개념이 등장하기에, 무엇이 마땅한 몫을 구성하는가라는 질문이 떠오를 것이다.

Speaking in a general way, a person is understood to deserve good if he does right, evil if he does wrong; and in a more particular sense, to deserve good from those to whom he does or has done good, and evil from those to whom he does or has done evil. The precept of returning good for evil has never been regarded as a case of the fulfilment of justice, but as one in which the claims of justice are waived, in obedience to other considerations.

일반적으로 말하자면, 어떤 사람이 올바른 일을 하면 그는 선이 마땅하고, 잘못된 일을 하면 악이 마땅하다고 이해된다. 좀더 특정한 의미로, 그가 선을 베풀고 있고 베푼 적이 있는 사람들로부터는 선이 마땅하고, 그가 해악을 입히고 있고 입힌 적이 있는 사람들로부터는 악이 마땅하다는 것이다. 악을 선으로 갚으라는 계율은 정의 실현의 사안으로 간주된 적이 없으며, 다른 고려 사항들로 말미암아 정의의 요구가 포기된 사안으로 간주된다.

Fourthly, it is confessedly unjust to *break faith* with any one: to violate an engagement, either express or implied, or disappoint expectations raised by our own conduct, at least if we have raised those expectations knowingly and voluntarily.

네 번째로, 누구와의 신뢰를 깨는 일은 명백히 불의한 것이다. 명시적이건 암묵적이건 약속을 위반하는 것, 우리 자신의 행위로 야기된 기대들, 적어도 우리가 그 기대들을 알면서 그리고 자발적으로 야기한 것이라면, 그 기대들을 실망시키는 것은 불의한 것이다.

♠ Like the other obligations of justice already spoken of, this one is not regarded as absolute, but as capable of being overruled by a stronger obligation of justice on the other side; or by such conduct on the part of the person concerned as is deemed to absolve us from our obligation to him, and to constitute a *forfeiture* of the benefit which he has been led to expect.

이미 언급된 정의의 다른 의무들과 같이, 이 의무는 절대적인 것이 아니라, 다른 쪽의 더 중대한 정의의 의무에 의해서, 또는 어떤 사람이 그에 대한 우리의 의무를 면제하는 것으로, 그래서 그가 기대했던 혜택의 몰수를 구성하는 것으로 간주되는 그 사람의 행위에 의해서 기각될 수 있다고 여겨진다.

Fifthly, it is, by universal admission, inconsistent with justice to be *partial*; to show favour or preference to one person over another, in matters to which favour and preference do not properly apply. Impartiality, however, does not seem to be regarded as a duty in itself, but rather as instrumental to some other duty; for it is admitted that favour and preference are not always censurable, and indeed the cases in which they are condemned are rather the exception than the rule.

다섯 번째로, 보편적으로 인정되듯이 편파적인 것은, 즉 호의나 선호를 적용하는 것이 적절하지 않은 사안에 있어 어떤 사람을 다른 사람을 넘어 호의나 선호를 보이는 것은 정의와 일치하지 않는다. 공평한 것은 그러나 그 자체로 의무로 간주되기보다는 어떤 다른 의무의 수행을 위한 도구로 간주되는 것 같다. 호의와 선호는 언제나 비난받을 일이라고는 여겨지지 않으며, 사실 이들이 비난받는 경우들은 원칙이라기보다 예외라고 할 수 있기 때문이다.

♠ A person would be more likely to be blamed than applauded for giving his family or friends no superiority in good offices over strangers, when he could do so without violating any other duty; and no one thinks it unjust to seek one person in preference to another as a friend, connection, or companion. Impartiality where rights are concerned is of course obligatory, but this is involved in the more general obligation of giving to every one his right.

어떤 사람이 다른 의무를 위반하지 않고도 다른 사람들에 비해 그의 가족이나 친구에게 더 큰 도움을 줄 수 있는데도 그러지 않는다면, 그런 행동은 칭송되기보다는 비난받을 확률이 더 높을 것이다. 그리고 어떤 사람을 친구로서, 인맥으로서, 또는 동반자로서 다른 사람들보다 더 선호하는 것을 부당하다고 생각할 사람은 없을 것이다. 권리와 관계 있을 경우 공평함은 물론 의무 사항이지만, 이는 모든 이에게 그의 권리를 부여한다는 더 일반적인 의무와 관련되어 있다.

A tribunal, for example, must be impartial, because it is bound to award, without regard to any other consideration, a disputed object to the one of two parties who has the right to it. There are other cases in which impartiality means, being solely influenced by desert; as with those who, in the capacity of judges, preceptors, or parents, administer reward and punishment as such.

예를 들어 재판소는 공평해야 하는 바, 다른 어떤 점도 고려함이 없이 다툼이 있는 물건에 대한 권리가 있는 두 당사자 사이의 하나에게 그 대상을 수여해야 하기 때문이다. [한편,] 재판관이나 교사, 또는 부모의 자격으로 보상과 처벌을 온당히 베풀어야 하는 사람들에게서와 같이, 공평함이 마땅한 몫에 의해서만 영향을 받는다는 의미로 해석되어야 하는, 그러한 경우들도 있다.

There are cases, again, in which it means, being solely influenced by consideration for the public interest; as in making a selection among candidates for a government employment. Impartiality, in short, as an obligation of justice, may be said to mean, being exclusively influenced by the considerations which it is supposed ought to influence the particular case in hand; and resisting the solicitation of any motives which prompt to conduct different from what those considerations would dictate.

또 다르게는, 공무 직책을 위한 후보자들 사이에 선택을 하는 경우처럼, 공평함이 공공의 이익에 대한 고려에 의해서만 영향받아야 하는 것으로 해석되는 경우도 있다. 요약하자면, 정의를 위한 하나의 의무로서의 공평함은, 해당되는 특정한 사안에 영향을 미쳐야 한다고 간주되는 타당한 고려 사항에 의해서만 배타적으로 영향을 받아야 하는 것으로, 그리고 그런 고려 사항들이 요구하는 것들과 다른 행동을 야기하는 다른 동기로부터의 간청에 저항하는 것으로 해석된다고 말할 수 있다.

Nearly allied to the idea of impartiality is that of *equality*; which often enters as a component part both into the conception of justice and into the practice of it, and, in the eyes of many persons, constitutes its essence. But in this, still more than in any other case, the notion of justice varies in different persons, and always conforms in its variations to their notion of utility. Each person maintains that equality is the dictate of justice, except where he thinks that expediency requires inequality.

공평의 개념과 가까이 연계된 것으로 평등의 개념이 있다. 평등은 정의 개념에 그 구성 요소로서, 또한 정의의 실천에 그 구성 요소로서 종종 들어가며, 많은 이들이 보기에 정의의 진수를 구성한다. 그러나 이런 경우, 다른 경우에서보다 더, 정의의 개념은 사람들마다 다르게 되는데, 그 다름은 언제나 사람들의 효용에 대한 서로 다른 개념과 대응된다. 사람들은 평등이 정의의 명령이라고 주장하지만, 편의를 위해 불공평이 요구된다고 생각하는 사안들에서는 예외를 둔다.

♠ The justice of giving equal protection to the rights of all, is maintained by those who support the most outrageous inequality in the rights themselves. Even in slave countries it is theoretically admitted that the rights of the slave, such as they are, ought to be as sacred as those of the master; and that a tribunal which fails to enforce them with equal strictness is wanting in justice; while, at the same time, institutions which leave to the slave scarcely any rights to enforce, are not deemed unjust, because they are not deemed inexpedient.

모든 이들의 권리를 평등하게 보호해야 한다는 정의는, 그 권리들 자체에 있어서 가장 터무니 없는 불공평을 지지하는 사람들에 의해서도 주장된다. 노예 제도가 있는 나라에서조차 (보잘것없는 것이라도) 노예의 권리는 주인의 권리와 같이 신성해야 한다고, 그리고 노예의 권리를 동일하게 엄격히 보장하지 못하는 재판은 정의가 결여된 것이라고 이론적으로는 인정되고 있다. 그러면서 동시에 노예에게 보장할 어떤 권리도 거의 없게 놔두는 제도들은, 편의에 반하지 않기 때문에, 부당한 것이라고 여겨지지 않는다.

Those who think that utility requires distinctions of rank, do not consider it unjust that riches and social privileges should be unequally dispensed; but those who think this inequality inexpedient, think it unjust also. Whoever thinks that government is necessary, sees no injustice in as much inequality as is constituted by giving to the magistrate powers not granted to other people. Even among those who hold levelling doctrines, there are as many questions of justice as there are differences of opinion about expediency.

효용 때문에 계급의 구분이 필요하다고 생각하는 사람들은 부와 사회적 특권이 불공평하게 분배되어야 하는 것을 부당하다고 여기지 않는다. 그러나 이러한 불공평이 편의적이지 않다고 생각하는 사람들은 이것 역시 부당하다고 생각한다. 정부가 필요하다고 생각하는 누구도, 다른 사람들에게는 부여되지 않는 권리들을 치안 판사에게 부여함으로써 생기는 어떤 불평등도 불의하다고 보지 않는다. 평준화 교리를 주장하는 사람들 사이에서조차, 편의에 대한 다른 의견들이 있는 것만큼이나 정의에 대한 많은 질문들이 존재한다

Some Communists consider it unjust that the produce of the labour of the community should be shared on any other principle than that of exact equality; others think it just that those should receive most whose wants are greatest; while others hold that those who work harder, or who produce more, or whose services are more valuable to the community, may justly claim a larger quota in the division of the produce. And the sense of natural justice may be plausibly appealed to in behalf of every one of these opinions.

몇몇 공산주의자들은 공동체의 노동의 산물이 정확하게 똑같이 나누어지는 분배 외의 다른 원칙에 의해 분배되는 것은 부당하다고 여긴다. 다른 사람들은 가장 많이 필요한 사람이 가장 많이 가져가는 것이 정의롭다고 생각하고, 또 다른 이들은 더 열심히 일한 사람이나 더 많이 생산한 사람들, 또는 공동체에 더 가치 있는 서비스를 제공한 사람들이 생산물의 분배에 있어 더 큰 부분을 주장하는 것이 정의롭다고 주장한다. 그리하여 이 모든 견해들은 자연스러운 정의감에 그럴듯하게 호소될 수 있다.

Among so many diverse applications of the term justice, which yet is not regarded as ambiguous, it is a matter of some difficulty to seize the mental link which holds them together, and on which the moral sentiment adhering to the term essentially depends. Perhaps, in this embarrassment, some help may be derived from the history of the word, as indicated by its etymology.

정의라는 용어의 이렇게 많은 다양한 적용들 사이에서, (정의라는 용어는 그래도 [이상하게] 모호하다고 여겨지지 않는데) 그들을 하나로 묶고, 이 용어에 부착되는 도덕적 정서가 기본적으로 의존하는 정신적 연결고리를 파악하는 것은 조금은 어려운 사안이다. 이런 난처한 상황에서 어원이 말해 주는 이 용어의 역사로부터 아마도 어떤 도움을 얻을 수 있지 않을까 한다.

In most, if not in all, languages, the etymology of the word which corresponds to Just, points distinctly to an origin connected with the ordinances of law. *Justum* is a form of *jussum*, that which has been ordered. *Dikaion* comes directly from *dike*, a suit at law. *Recht*, from which came *right* and *righteous*, is synonymous with law. The courts of justice, the administration of justice, are the courts and the administration of law.

모두는 아니더라도 대부분의 언어에서 Just에 대응하는 단어의 어원은 법령과 연관된 기원을 분명하게 가리킨다. justum은 '명령된 것'이라는 jussum의 한 형태다. dikaion은 법적 소송이라는 dike로부터 직접 나온 말이다. right 그리고 righteous

의 어원인 Recht는 법의 동의어다. 정의의 코트(court), 정의의 집행은 법의 코트, 법의 집행과 같은 말이다.

♠ *La justice*, in French, is the established term for judicature. I am not committing the fallacy imputed with some show of truth to Horne Tooke, of assuming that a word must still continue to mean what it originally meant. Etymology is slight evidence of what the idea now signified is, but the very best evidence of how it sprang up. There can, I think, be no doubt that the *idée mère*, the primitive element, in the formation of the notion of justice, was conformity to law.

불어로 La justice는 '사법(부)'의 정립된 용어다. 어떤 단어는 그것이 기원적으로 의미했던 것을 계속 의미한다고 생각하는 (어느 정도 사실인 것처럼 생각되는데 혼 툭이 범했다는) 오류를 나는 범하지 않으려 한다. 어원은 그 개념이 현재 나타내는 것이 무엇이냐의 증거로서 취약하지만, 그것이 어떻게 생성되었는가에 대해서는 최선의 증거다. 정의라는 개념의 형성에 있어 원시적 요소는 법의 준수라는 것에는 의심의 여지가 없다고 생각한다.

It constituted the entire idea among the Hebrews, up to the birth of Christianity; as might be expected in the case of a people whose laws attempted to embrace all subjects on which precepts were required, and who believed those laws to be a direct emanation from the Supreme Being.

계율이 필요한 모든 주제들을 포용하려고 시도했던 법들을 가지고 있었던, 그리고 이러한 법들이 절대자로부터 직접 내려온 것이라는 것을 믿었던 민족의 경우에서 예상되듯이, 기독교의 탄생 시점까지, 법을 준수해야 한다는 것이 히브리인들의 [오직 유일한] 모든 사상이었다.

But other nations, and in particular the Greeks and Romans, who knew that their laws had been made originally, and still continued to be made, by men, were not afraid to admit that those men might make bad laws; might do, by law, the same things, and from the same motives, which if done by individuals without the sanction of law, would be called unjust.

그러나 다른 민족들, 특히 그리스인들이나 로마인들은, 그들의 법이 기원적으로, 그리고 현재도 계속 사람들에 의해서 만들어지는 것이라는 것을 알았기에, 사람들이 악법을 만들 수도 있다는 것을, 그리고 만일 법의 승인 없이 개인들에 의해서 행해졌다면 정의롭지 못하다고 했을 일들을, (그리고 마찬가지로 나쁜 동기에서 했을 일들을) 법에 의지해서도 행할 수 있다는 것을 거리낌 없이 인정하였다.

And hence the sentiment of injustice came to be attached, not to all violations of law, but only to violations of such laws as *ought* to exist, including such as ought to exist, but do not; and to laws themselves, if supposed to be contrary to what ought to be law. In this manner the idea of law and of its injunctions was still predominant in the notion of justice, even when the laws actually in force ceased to be accepted as the standard of it.

따라서 정의롭지 못하다는 정서는, 법의 모든 위반에 대해서가 아니라 정당하게 존재하는 그런 법들의 ([자연법과 같이] 온당히 존재해야 하나 존재하지 않는 법들을 포함하여) 위반에 대해서만, 그리고 온당히 법이어야 하는 것에 반한다고 여겨지면 그 악법 자체에 대해서 부착되었다. 이러한 방식으로 법과 그 법의 명령은, 실제로 효력이 있는 법이 정의의 기준으로 더 이상 받아들여지지 않게 되었을 때에도, 정의의 개념에 계속해서 지배적인 역할을 하였다.

♠ It is true that mankind consider the idea of justice and its obligations as applicable to many things which neither are, nor is it desired that they should be, regulated by law. Nobody desires that laws should interfere with the whole detail of private life; yet every one allows that in all daily conduct a person may and does show himself to be either just or unjust. But even here, the idea of the breach of what ought to be law, still lingers in a modified shape.

법에 의해서 규제되지 않고 또 규제되는 것이 바람직하지 않은 많은 것들에도 정의의 개념과 정의의 의무가 적용되는 것으로 인류가 간주하는 것이 사실이다. 아무도 사생활의 모든 세부 사항에까지 법이 간섭하는 것을 바라지 않는다. 그러면서도 일상의 모든 행동에 있어서 한 사람이 그 자신에게 그가 정의로운가 그렇지 않은가를 보여줄 수도 있도록 그리고 실제로 보여주는 것을 모든 사람이 용인한다. 그러나 여기에 있어서도 온당히 법이어야 했을 것의 위반이라는 [정의의] 개념이 변형된 형태로 아직 남아있게 된다.

It would always give us pleasure, and chime in with our feelings of fitness, that acts which we deem unjust should be punished, though we do not always think it expedient that this should be done by the tribunals. We forego that gratification on account of incidental inconveniences. We should be glad to see just conduct enforced and injustice repressed, even in the minutest details, if we were not, with reason, afraid of trusting the magistrate with so unlimited an amount of power over individuals.

우리가 부당하다고 여기는 행동들이 처벌된다는 것은, 그것이 꼭 재판에 의해 처벌되는 것이 편의적이라고 항상 생각하지는 않지만, 우리에게 항상 기쁨이 되고 우리의 적합성의 감정들과 공감하게 된다. 우리는 부수되는 불편함 때문에 그러한 만족을 포기하기도 한다. 법의 집행자에게 개인에 대해 그렇게 제한 없는 권력을 맡기는 것을 두려워하지 않는다면, (사실 두려워할 이유가 있지만,) 아주 작은 세부 사항들에 있어서도 정당한 행동이 집행되고 부당함이 억압되는 것을 목도하는 것을 기뻐할 것이다.

♠ When we think that a person is bound in justice to do a thing, it is an ordinary form of language to say, that he ought to be compelled to do it. We should be gratified to see the obligation enforced by anybody who had the power. If we see that its enforcement by law would be inexpedient, we lament the impossibility, we consider the impunity given to injustice as an evil, and strive to make amends for it by bringing a strong expression of our own and the public disapprobation to bear upon the offender.

우리가 어떤 사람이 정의의 관점에서 어떤 일을 해야 한다고 생각할 때, 이를 일상적인 언어로 말한다면, 그가 그것을 하도록 '강제'해야 한다고 표현한다. 우리는 의무사항이 집행 권력을 가진 누군가에 의해서 강제되는 것을 보며 만족할 것이다. 만일 법에 의한 강제 집행이 편의에 반하는 것이라고 생각하면, 우리는 집행이 불가하다는 사실을 한탄하며, 불의에 면책권을 부여하는 것이 악이라고 간주하여, 우리 자신과 공공이 느끼는 못마땅함의 강한 표현이 위반자에게 영향을 미치도록 함으로써 이를 개선하려 노력할 것이다.

Thus the idea of legal constraint is still the generating idea of the notion of justice, though undergoing several transformations before that notion, as it exists in an advanced state of society, becomes complete.

이와 같이 법적 규제의 개념은 아직까지도 정의라는 개념을 일으키는 생각인 것이다. 비록 정의의 개념이 사회의 선진화된 상태에서 존재하는 형태와 같이 완전해지기 전까지 여러 변천을 거치게 되기는 하지만 말이다.

The above is, I think, a true account, as far as it goes, of the origin and progressive growth of the idea of justice. But we must observe, that it contains, as yet, nothing to distinguish that obligation from moral obligation in general. For the truth is, that the idea of penal sanction, which is the essence of law, enters not only into the conception of injustice, but into that of any kind of wrong.

이상의 논의는 정의라는 개념의 기원과 이의 진보적 성장에 대한 그런대로 사실적 기술이라고 생각한다. 그러나 아직까지는 이 논의는 일반적인 도덕적 의무로부터 정의를 구분 짓는 어떤 것도 포함하고 있지 않다는 것을 주목할 필요가 있다. 법의 정수라고 할 수 있는 형벌적 제재의 개념은 불의의 개념에 적용될 뿐만 아니라 어떤 종류의 잘못의 개념에도 적용되는 것이 사실이기 때문이다.

♠ We do not call anything wrong, unless we mean to imply that a person ought to be punished in some way or other for doing it; if not by law, by the opinion of his fellow-creatures; if not by opinion, by the reproaches of his own conscience. This seems the real turning point of the distinction between morality and simple expediency. It is a part of the notion of Duty in every one of its forms, that a person may rightfully be compelled to fulfil it.

우리는 어떤 사람이 어떤 행위를 한 것에 대해 어떤 방식으로든 처벌받아야 한다는 것을, 즉, 법에 의해서가 아니라면, 동료 인간들의 비난에 의해, 그리고 비난에 의해서가 아니라면, 그 자신의 양심의 꾸짖음에 의해서라도 처벌받아야 한다는 것을 말하고자 하는 것이 아니라면, 이를 잘못이라고 부르지 않는다. 이 점이 바로 도덕과 단순한 편의를 구별하는 진정한 전환점이라고 생각된다. 어떤 사람이 의무를 이행하도록 (마땅히) 강제되는 것이 (어떤 형태의 의무이건) 의무라는 개념의 한 부분이다.

Duty is a thing which may be *exacted* from a person, as one exacts a debt. Unless we think that it may be exacted from him, we do not call it his duty. Reasons of prudence, or the interest of other people, may militate against actually exacting it; but the person himself, it is clearly understood, would not be entitled to complain.

의무는 부채를 받아 내듯, 어떤 사람으로부터 그 이행을 강제할 수 있는 그런 것이다. 우리가 그것의 이행을 강제해도 된다고 생각하지 않는다면, 우리는 그것을 의무라고 부르지 않는다. 신중함이나 다른 이들의 이익을 이유로 실제로 의무를 강제하지 않을 수는 있으나, 그 당사자는 불평할 자격이 없다는 것이 분명히 이해된다.

There are other things, on the contrary, which we wish that people should do, which we like or admire them for doing, perhaps dislike or despise them for not doing, but yet admit that they are not bound to do; it is not a case of moral obligation; we do not blame them, that is, we do not think that they are proper objects of punishment.

반면, 사람들이 했으면 하고 우리가 바라고, 그것을 행하기 때문에 우리가 그 사람들을 좋아하고 찬양하며, 반대로 하지 않기 때문에 싫어하고 경멸하는, 그러나 그들이 반드시 해야 하는 일은 아니라고 우리가 인정하는 그런 일들이 있다. 이는 도덕적 의무의 사안이 아니며, 우리는 그들을 비난하지 않는다. 즉 그들이 처벌의 적절한 대상이라고는 생각하지 않는다.

♠ How we come by these ideas of deserving and not deserving punishment, will appear, perhaps, in the sequel; but I think there is no doubt that this distinction lies at the bottom of the notions of right and wrong; that we call any conduct wrong, or employ, instead, some other term of dislike or disparagement, according as we think that the person ought, or ought not, to be punished for it; and we say, it would be right, to do so and so, or merely that it would be desirable or laudable, according as we would wish to see the person whom it concerns, compelled, or only persuaded and exhorted, to act in that manner.[2]

우리가 처벌받을 만하다거나 처벌받을 만하지 않다는 이러한 개념을 어떻게 얻게 되는지는 아마도 속편에서 논의될 것이다. 그러나 이 구분이 옳음과 그름의 개념의 기저에 깔려있다는 것에 대해서는 의심의 여지가 없다고 생각한다. 우리는 어떤 사람이 그 행동 때문에 처벌받아야 한다든가 처벌받지 말아야 한다고 생각하는 것에 따라, 우리는 어떤 행동이 잘못되었다고 부르거나 또는 그 대신 싫어함이나 경멸의 다른 용어를 사용한다는 사실도 마찬가지로 의심의 여지가 없다. 그래서 우리가 해당되는 사람이 어떤 방식으로 행동하는 것이 강제되기를 원하는지, 또는 그저 설득되고 권고되기를 원하는지에 따라, 이러이러하게 행동하는 것이 옳다고 말하기도 하고, 또는 그렇게 행동하는 것이 바람직하거나 칭찬받을 만하다고 말하기도 한다.

This, therefore, being the characteristic difference which marks off, not justice, but morality in general, from the remaining provinces of Expediency and Worthiness; the character is still to be sought which distinguishes justice from other branches of morality.

따라서 이것이 편의 또는 가치 있음의 나머지 영역으로부터 정의가 아니라 도덕 일반을 구분 짓는 특징적 차이이기에, 정의를 도덕의 다른 분야들로부터 구분 짓는 특성은 아직 더 찾아보아야 한다.

Now it is known that ethical writers divide moral duties into two classes, denoted by the ill-chosen expressions, duties of perfect and of imperfect obligation; the latter being those in which, though the act is obligatory, the particular occasions of performing it are left to our choice, as in the case of charity or beneficence, which we are indeed bound to practise, but not towards any definite person, nor at any prescribed time.

한편, 윤리학자들은 도덕적 의무를 완전한 의무와 불완전한 의무라는, (잘못 선택된 것 같은) 용어로 표현되는 두 부류로 분류한다는 것이 알려져 있다. 불완전한 의무란 그 행위가 의무이지만 어느 경우에 이를 수행할 것인가는 우리의 선택에 맡겨진다. 즉, 예를 들어 자선이나 선행의 경우처럼 우리가 실천해야 하는 것은 맞지만, 어떤 특정한 사람에게 그리고 어떤 특정한 때에 반드시 실천해야 하는 것은 아니다.

In the more precise language of philosophic jurists, duties of perfect obligation are those duties in virtue of which a correlative *right* resides in some person or persons; duties of imperfect obligation are those moral obligations which do not give birth to any right. I think it will be found that this distinction exactly coincides with that which exists between justice and the other obligations of morality.

법철학자들의 더 정확한 언어로 표현한다면, 완전한 의무는 그 의무 덕분에 상관되는 권리가 어떤 특정한 사람들에 부여되는 그런 의무인 반면에, 불완전한 의무는 어떤 권리를 발생시키지 않는 도덕적 의무를 말한다. 나는 이러한 차이가 정의와, 도덕의 다른 의무들 사이에 존재하는 차이와 정확하게 일치한다는 점이 발견되리라 생각한다.

In our survey of the various popular acceptations of justice, the term appeared generally to involve the idea of a personal right—a claim on the part of one or more individuals, like that which the law gives when it confers a proprietary or other legal right.

정의라는 개념이 대중적으로 의미하는 사례를 살펴보았을 때, 이 용어는 일반적으로 어떤 개인적 권리를, 즉 법이 소유권이나 다른 법적 권리를 부여할 때와 같은, 하나 또는 다수의 개인에게 귀속되는 청구권을 수반하는 것처럼 보였다.

Whether the injustice consists in depriving a person of a possession, or in breaking faith with him, or in treating him worse than he deserves, or worse than other people who have no greater claims, in each case the supposition implies two things—a wrong done, and some assignable person who is wronged. Injustice may also be done by treating a person better than others; but the wrong in this case is to his competitors, who are also assignable persons.

어떤 사람에게서 그의 소유물을 빼앗든, 그와의 신뢰를 저버리든, 그가 마땅히 대우받아야 하는 것보다 못하게 그를 취급하든, 더 큰 권리를 갖지 않은 다른 사람들보다 못하게 취급하든, 어떤 형태로 불의가 발생하든지 각각의 경우에 불의가 저질러졌다는 판단은 다음 두 가지를 의미한다. 저질러진 잘못과, 그 잘못의 대상이라고 지정될 수 있는 피해자가 이 두 가지다. 불의는 어떤 사람을 다른 사람들보다 차별적으로 더 잘 대우했을 때도 행해지는데, 이 경우 잘못의 대상은 잘 대우 받은 사람과 경쟁관계에 있는 사람들로서 역시 누구인지 지정될 수 있다.

It seems to me that this feature in the case—a right in some person, correlative to the moral obligation—constitutes the specific difference between justice, and generosity or beneficence. Justice implies something which it is not only right to do, and wrong not to do, but which some individual person can claim from us as his moral right. No one has a moral right to our generosity or beneficence, because we are not morally bound to practise those virtues towards any given individual.

이 경우의 이러한 특징, 즉 도덕적 의무와 상관된 (어떤 이의) 하나의 권리가, 정의와 관대함 또는 선행 사이의 구체적 차이를 구성한다고 나는 생각한다. 정의는 행하는 것이 옳고 행하지 않으면 옳지 않은 것뿐만 아니라, 어떤 개인이 우리에게 자신의 도덕적 권리를 주장할 수 있는 그런 것도 내포한다. 누구도 우리의 관대함이나 선행에 대해서 도덕적 권리를 갖지 못하는데, 이는 우리가 어떤 특정한 사람에게 그러한 미덕을 실행하도록 도덕적으로 구속되지 않기 때문이다.

♠ And it will be found with respect to this, as to every correct definition, that the instances which seem to conflict with it are those which most confirm it. For if a moralist attempts, as some have done, to make out that mankind generally, though not any given individual, have a right to all the good we can do them, he at once, by that thesis, includes generosity and beneficence within the category of justice.

그리고 용어의 모든 올바른 정의에서 그렇듯, 이와 관련하여 일견 이런 정의(定義)와 상충을 빚는 것 같은 사례들이, 사실 이를 가장 잘 확인해 주고 있다. 왜냐하면, 만일 어떤 도덕론자가, 몇몇이 그런 시도를 한 적이 있는데, (어떤 특정한 개인은 아니더라도) 인류 일반은 우리가 그들에게 베풀 수 있는 모든 선에 대한 권리를 가지고 있는 것처럼 주장하려 시도한다면, 그는 그런 주장에 의해서 동시에 관대함과 선행을 정의의 범주에 포함시키게 되기 때문이다.

♠ He is obliged to say, that our utmost exertions are *due* to our fellow creatures, thus assimilating them to a debt; or that nothing less can be a sufficient *return* for what society does for us, thus classing the case as one of gratitude; both of which are acknowledged cases of justice. Wherever there is right, the case is one of justice, and not of the virtue of beneficence: and whoever does not place the distinction between justice and morality in general, where we have now placed it, will be found to make no distinction between them at all, but to merge all morality in justice.

그런 사람은 우리 최고의 노력이 동료 인류에게 돌아가야 한다고, 그리하여 그런 노력을 하나의 부채와 동일시해야 한다고 말해야 할 것이다. 또한, 어떤 것도 사회가 우리를 위해 베푸는 것에 대한 충분한 보답이 될 수 없으며, 따라서 이런 경우를 감사의 경우로 분류해야 한다고 말해야 한다. 부채나 감사는 모두 정의의 사례로 인정된다. 권리가 관계되는 경우, 이는 정의의 사례로서 선행이라는 미덕의 사례가 아니게 된다. 그리고 우리가 지금 구분한 것과 같이 정의와 일반 도덕을 구분하지 않는 사람들은, 그 둘이 전혀 다르지 않게 되어 모든 도덕을 정의에 통합시키게 되어 버리는 [터무니 없는] 결과에 도달할 것이다.

Having thus endeavoured to determine the distinctive elements which enter into the composition of the idea of justice, we are ready to enter on the inquiry, whether the feeling, which accompanies the idea, is attached to it by a special dispensation of nature, or whether it could have grown up, by any known laws, out of the idea itself; and in particular, whether it can have originated in considerations of general expediency.

정의의 개념의 구성에 필요한 특징적인 요소들을 이렇게 살펴보았으니, 이제 정의의 개념에 동반하는 감정이 자연의 특별한 작용에 의해서 정의의 개념에 부착되는 것인지, 아니면 그 개념 자체로부터 시작하여 어떠한 알려진 법칙들에 의해서 그 감정이 자라난 것일 수 있는지, 특히 보편적 편의의 고려에서 기원했을 수 있는지를 살펴볼 준비가 되었다.

♠ I conceive that the sentiment itself does not arise from anything which would commonly, or correctly, be termed an idea of expediency; but that though the sentiment does not, whatever is moral in it does.

나는, 편의의 개념이라고 흔히 또는 제대로 이름 붙여질 어떠한 것으로부터도, 정서 자체는 일어나지 않는다고 생각하지만, 정서가 일어나지 않더라도, 그 안에 도덕적인 것은 무엇이라도 일어난다고 생각한다.

We have seen that the two essential ingredients in the sentiment of justice are, the desire to punish a person who has done harm, and the knowledge or belief that there is some definite individual or individuals to whom harm has been done.

정의의 정서에 있어서 두 필수적인 요소들은, 해를 일으킨 사람을 처벌하고자 하는 욕구와 그 해의 피해자인 하나 또는 다수의 특정한 사람들이 있다는 지각 또는 믿음이라는 것을 앞서 살펴본 바 있다.

Now it appears to me, that the desire to punish a person who has done harm to some individual is a spontaneous outgrowth from two sentiments, both in the highest degree natural, and which either are or resemble instincts; the impulse of self-defence, and the feeling of sympathy.

우선, 어떤 개인에게 해를 가한 사람을 처벌하고 싶은 욕구는 다음의 두 정서로부터 자발적으로 파생된 결과라고 생각된다. 즉 자기 방어의 충동과 동정의 감정으로서, 둘 모두 아주 자연스러운 것이며 본능이거나 본능과 유사하다고 하겠다.

It is natural to resent, and to repel or retaliate, any harm done or attempted against ourselves, or against those with whom we sympathise. The origin of this sentiment it is not necessary here to discuss. Whether it be an instinct or a result of intelligence, it is, we know, common to all animal nature; for every animal tries to hurt those who have hurt, or who it thinks are about to hurt, itself or its young. Human beings, on this point, only differ from other animals in two particulars.

우리 자신이나 우리가 공감하는 사람들에게 끼쳐졌거나 시도된 피해에 대해 분노하고, 방어하거나 보복하는 것은 자연스러운 일이다. 이 정서의 기원을 여기에서 논의하는 것은 불필요하다. 그것이 본능이든 또는 지능의 산물이든, 모든 동물적 본성에 공통적으로 나타난다는 것을 우리는 알고 있다. 모든 동물들은 자신이나 자신의 새끼들을 다치게 하거나, 다치게 하려 한다고 생각하는 다른 동물들을 공격하려 한다. 인간은 이 점에서 다음 두 가지에서만 여타 동물들과 다를 뿐이다.

First, in being capable of sympathising, not solely with their offspring, or, like some of the more noble animals, with some superior animal who is kind to them, but with all human, and even with all sentient, beings. Secondly, in having a more developed intelligence, which gives a wider range to the whole of their sentiments, whether self-regarding or sympathetic.

첫째, 자신들의 자손들뿐만 아니라, (또는 어떤 고등 동물들에 있어서와 같이 자기에게 잘 해주는 우월한 개체들뿐만 아니라,) 모든 인간들, 나아가 심지어 모든 지각 있는 존재들과 공감을 느낄 수 있다는 점이고, 둘째, 자기 자신을 위한 것이든 또는 공감적인 것이든, 넓은 범위의 정서들을 갖게 하는 더 발달된 지능을 가지고 있다는 점이다.

By virtue of his superior intelligence, even apart from his superior range of sympathy, a human being is capable of apprehending a community of interest between himself and the human society of which he forms a part, such that any conduct which threatens the security of the society generally, is threatening to his own, and calls forth his instinct (if instinct it be) of self-defence.

그의 넓은 공감의 범위를 별개로 하더라도, 우월한 지능 덕분에, 인간은 자신과 자신이 한 부분인 인간 사회 사이의 공동체로서의 이익을 간파할 수 있어, 사회의 안전을 일반적으로 위협하는 어떤 행동도 자신의 안전을 위협하는 것이 되어, 자기 방어의 본능을 (이것이 본능이라 한다면) 불러일으키게 된다.

The same superiority of intelligence joined to the power of sympathising with human beings generally, enables him to attach himself to the collective idea of his tribe, his country, or mankind, in such a manner that any act hurtful to them, raises his instinct of sympathy, and urges him to resistance.

인간들과 일반적으로 공감하는 능력에 결합된 이와 같은 지능의 우월성은, 자신을 그가 속한 부족, 국가, 또는 인류에 대한 집단적 개념에 자신을 부착할 수 있게 하여, 그 집단에 해로운 어떤 행위도 그의 공감의 본능을 불러일으키고, 또한 저항하도록 촉구하게 된다.

♠ The sentiment of justice, in that one of its elements which consists of the desire to punish, is thus, I conceive, the natural feeling of retaliation or vengeance, rendered by intellect and sympathy applicable to those injuries, that is, to those hurts, which wound us through, or in common with, society at large. This sentiment, in itself, has nothing moral in it; what is moral is, the exclusive subordination of it to the social sympathies, so as to wait on and obey their call.

정의의 정서는, [그 정서의 두 요소들 가운데] 처벌의 욕구를 구성하는 측면에서, 사회 전반을 통해서 또는 사회 전반과 함께 우리를 다치게 하는 그런 상처들에 적용할 수 있는 지능과 공감에 의해서 주어지는, 보복 또는 앙갚음의 자연스러운 감정이라고 나는 생각한다. 이 정서는 그 자체로서는 그 안에 도덕적인 무엇을 가지고 있지 않다. 도덕적인 것은 그 정서를 사회적 공감에 온전히 복속시켜 그 사회적 공감의 요구를 섬기고 따르는 것이다.

For the natural feeling would make us resent indiscriminately whatever any one does that is disagreeable to us; but when moralised by the social feeling, it only acts in the directions conformable to the general good: just persons resenting a hurt to society, though not otherwise a hurt to themselves, and not resenting a hurt to themselves, however painful, unless it be of the kind which society has a common interest with them in the repression of.

왜냐하면 자연적 감정은, 어떤 사람이 우리를 불쾌하게 하는 무엇이든 우리로 하여금 무차별적으로 분노하게 만들지만, 사회적 감정에 의해 도덕화하게 되면, 그 자연적 감정은 일반 선에 부합하는 방향으로만 작용하기 때문이다. 정의로운 사람들은 자신들에게는 별도로 해가 되지 않더라도, 사회에 해가 되는 것에 대해 분노하는 반면, 그 해가 일어나지 않도록 억압하는 데 있어 사회가 그들과 공통의 이익을 가지고 있는 것이 아니라면, 그들 자신에게의 해악에, 그것이 아무리 고통스럽더라도, 분노하지 않는다.

It is no objection against this doctrine to say, that when we feel our sentiment of justice outraged, we are not thinking of society at large, or of any collective interest, but only of the individual case.

우리의 정의의 정서가 분노로 가득할 때 우리는 사회 전체나 어떤 집단적 이익을 생각하는 것이 아니라 개인적인 사안만을 생각하는 것이라고 말하는 것은, 이 신조에 대한 반론이 되지 않는다.

It is common enough certainly, though the reverse of commendable, to feel resentment merely because we have suffered pain; but a person whose resentment is really a moral feeling, that is, who considers whether an act is blamable before he allows himself to resent it—such a person, though he may not say expressly to himself that he is standing up for the interest of society, certainly does feel that he is asserting a rule which is for the benefit of others as well as for his own.

우리가 고통을 겪는다는 이유만으로 분노하는 것은, 비록 칭찬받을 만한 것과는 거리가 멀겠지만, 분명히 흔히 일어나는 일이다. 그러나 어떤 사람의 분노가 정말로 도덕적 감정이라면, 즉 그가 스스로 분노하기에 앞서 어떤 행위가 비난받을 만한 것인가를 심사숙고하는 사람이라면, 그런 사람은 사회의 이익을 옹호하는 것이라고 스스로에게 명시적으로 말하지는 않겠지만, 분명히 자신의 이익뿐 아니라 다른 사람들의 이익을 위한 규칙을 주장하고 있다고 분명히 느끼게 된다.

♠ If he is not feeling this—if he is regarding the act solely as it affects him individually—he is not consciously just; he is not concerning himself about the justice of his actions. This is admitted even by anti-utilitarian moralists. When Kant (as before remarked) propounds as the fundamental principle of morals, "So act, that thy rule of conduct might be adopted as a law by all rational beings," he virtually acknowledges that the interest of mankind collectively, or at least of mankind indiscriminately, must be in the mind of the agent when conscientiously deciding on the morality of the act.

그 사람이 이러한 감정을 느끼지 않는다면, 즉 어떤 행위를 그것이 자신 개인에게 어떤 영향을 미치는가로만 평가한다면, 그는 의식적으로 정의로운 것이 아니다. 그는 그의 행동들이 정의로운가에 대해서 상관하지 않는 것이다. 이는 반공리주의 도덕론자들에 의해서도 받아들여진다. (앞서 언급한 바와 같이) 칸트는 도덕의 근본 원칙으로서 "그러니 그대 행위의 규칙이 모든 이성적인 존재들에 의해서 하나의 법으로 채택되도록 그렇게 행동하라"고 제시했을 때, 행위의 도덕성에 대해 양심적으로 결정할 때에는 그 행위자는 마음속으로 인류 집단 전체의 이익, 또는 적어도 인류에 대한 무차별적 이익을 고려해야 한다는 것을 그는 사실상 인정한 것이다.

♠ Otherwise he uses words without a meaning: for, that a rule even of utter selfishness could not *possibly* be adopted by all rational beings—that there is any insuperable obstacle in the nature of things to its adoption—cannot be even plausibly maintained. To give any meaning to Kant's principle, the sense put upon it must be, that we ought to shape our conduct by a rule which all rational beings might adopt *with benefit to their collective interest.*

그렇지 않다면 그는 의미 없는 말을 하는 것이 된다. 철저히 이기적인 규칙에 대해서도, 그것이 모든 이성적 존재들에 의해서 채택될 리가 없다는 것을, 세상의 자연적 원리상 그러한 것을 채택하는 데 있어 극복할 수 없는 무슨 장애라도 존재한다는 것을, 그럴듯하게라도 주장할 방법이 없기 때문이다. 칸트의 원칙에 어떤 의미라도 부여하기 위해서는, 모든 이성적 존재들이 그들의 집단적 이익에 도움이 되도록 채택하는 규칙에 의해 우리의 행위를 형성해야 한다는 그런 의미로 해석해야 한다.

To recapitulate: the idea of justice supposes two things; a rule of conduct, and a sentiment which sanctions the rule. The first must be supposed common to all mankind, and intended for their good. The other (the sentiment) is a desire that punishment may be suffered by those who infringe the rule. There is involved, in addition, the conception of some definite person who suffers by the infringement; whose rights (to use the expression appropriated to the case) are violated by it.

요약하자면, 정의의 개념은, 행위의 규칙, 그리고 그 규칙을 인정하는 어떤 정서라는 두 가지를 전제로 한다. 첫 번째 것은 모든 인간에게 공통적으로 전제되어야 하고, 또한 그들의 이익을 의도한 것이어야 한다. 다른 것, 즉 정서는 그 규칙을 위반한 사람들은 처벌받았으면 하는 바람이다. 이에 더해서 규칙의 위반에 의해 피해를 입은, 그의 권리가 그 위반에 의해서 (이런 경우를 위해 전용(專用)된 표현을 쓰자면) '침해당한', 어떤 분명한 사람의 개념이 포함되게 된다.

♠ And the sentiment of justice appears to me to be, the animal desire to repel or retaliate a hurt or damage to oneself, or to those with whom one sympathises, widened so as to include all persons, by the human capacity of enlarged sympathy, and the human conception of intelligent self-interest. From the latter elements, the feeling derives its morality; from the former, its peculiar impressiveness, and energy of self-assertion.

그래서 나는 정의의 정서가, 자기 자신이나 자기가 공감하는 사람들에게 행해진 상처나 피해를 물리치고 보복하고자 하는 동물적 욕망으로, 인간의 확대된 공감 능력과 지적인 자기 이익의 인식에 의해서 모든 사람들을 포괄하도록 확대되었다고 생각한다. 후자의 요소[확대된 공감 능력과 지적 자기 이익의 인식에 의해 모든 사람을 포함한다는 점]로부터 이 감정은 그 도덕성이 도출되며, 전자의 요소[보복의 욕구]로부터 그 독특한 인상 지움과 자기 주장의 에너지가 도출된다.

I have, throughout, treated the idea of a *right* residing in the injured person, and violated by the injury, not as a separate element in the composition of the idea and sentiment, but as one of the forms in which the other two elements clothe themselves. These elements are, a hurt to some assignable person or persons on the one hand, and a demand for punishment on the other.

나는, 피해를 입은 사람에게 귀속되며, 그 피해에 의해 침해된 어떤 권리의 개념을, 그 개념과 정서의 구성에 있어서 별개의 요소가 아니라 다른 두 요소들이 취할 수 있는 형태들의 하나로 시종일관 취급해 왔다. 이 다른 두 요소들이란, 한편으로 어떤 특정할 수 있는 하나 또는 다수의 사람들에 대한 상처와, 다른 편으로 처벌에 대한 요구다.

An examination of our own minds, I think, will show, that these two things include all that we mean when we speak of violation of a right. When we call anything a person's right, we mean that he has a valid claim on society to protect him in the possession of it, either by the force of law, or by that of education and opinion. If he has what we consider a sufficient claim, on whatever account, to have something guaranteed to him by society, we say that he has a right to it.

이 두 가지는 어떤 권리의 침해에 대해 이야기할 때 우리가 의미하는 모든 것들을 포함한다는 사실을 우리의 마음을 살펴보면 알 수 있으리라 생각한다. 우리가 어떤 것을 한 사람의 권리라고 부를 때는, 그것을 소유함에 있어서 그를 보호해 줄 것을, 법에 의해서건 또는 교육과 여론에 의해서건, 사회에 요구할 수 있는 정당한 청구권을 가지고 있다는 것을 의미한다. 무슨 이유에서든지 사회가 자기에게 어떤 것을 보장해 줄 것을 그가 요구할 (우리가 생각하기에 충분한) 청구권을 가지고 있을 때, 우리는 그가 그것에 대한 권리를 가지고 있다고 말한다.

If we desire to prove that anything does not belong to him by right, we think this done as soon as it is admitted that society ought not to take measures for securing it to him, but should leave him to chance, or to his own exertions. Thus, a person is said to have a right to what he can earn in fair professional competition; because society ought not to allow any other person to hinder him from endeavouring to earn in that manner as much as he can.

만일 그가 어떤 것을 소유하는 것이 권리는 아니라는 것을 우리가 증명하길 바란다면, 사회가 그에게 그것을 확보해 주기 위한 조치들을 취해서는 안 되고, 그저 우연에 맡기거나 스스로의 힘에 맡겨야 한다는 것이 인정되기만 하면 된다고 우리는 생각한다. 그래서, 어떤 이는 직업상 경쟁에서 공정하게 그가 얻을 수 있는 것에 대해서 권리가 있다고 말할 수 있는데, 이는 그가 그러한 방법으로 얻을 수 있는 것을 최대한 많이 얻으려고 노력하는 것을 다른 사람들이 방해하도록 사회가 허락해서는 안 되기 때문이다.

But he has not a right to three hundred a-year, though he may happen to be earning it; because society is not called on to provide that he shall earn that sum. On the contrary, if he owns ten thousand pounds three per cent stock, he *has* a right to three hundred a-year; because society has come under an obligation to provide him with an income of that amount.

그러나 그가 일년에 300파운드를 버는 것이, 그가 실제로 그만큼을 번다고 하더라도, 그의 권리는 아닌데, 이는 그가 그 금액을 벌도록 사회가 마련해 주어야 하는 것은 아니기 때문이다. 반대로, 그가 3퍼센트의 배당을 주는 주식을 10,000파운드만큼 소유하고 있다면, 사회는 그에게 그만한 소득을 마련해 줄 의무가 있기 때문에, 그는 일년에 300파운드를 버는 것은 그의 권리가 된다.

♠ To have a right, then, is, I conceive, to have something which society ought to defend me in the possession of. If the objector goes on to ask, why it ought? I can give him no other reason than general utility. If that expression does not seem to convey a sufficient feeling of the strength of the obligation, nor to account for the peculiar energy of the feeling, it is because there goes to the composition of the sentiment, not a rational only, but also an animal element, the thirst for retaliation; and this thirst derives its intensity, as well as its moral justification, from the extraordinarily important and impressive kind of utility which is concerned.

따라서 권리를 갖는다는 것은, 그것을 내가 소유하도록 사회가 나를 보호해 주어야 하는 그 무엇을 갖고 있는 것이라고 나는 이해한다. 왜 사회가 그래야 하느냐고 반대자가 다시 묻는다면, 나는 일반 효용 외에는 다른 이유를 그에게 제시할 수 없다. 만일 그 [일반 효용이라는] 표현이 의무로서 충분히 강력한 감정을 전달하지도, 감정의 독특한 에너지를 설명하지도 못하는 것처럼 생각된다면, 그 이유는 정서의 구성에는 합리적인 요소만이 아니라 동물적 요소, 즉 보복의 갈증도 한 부분을 차지하기 때문이다. 그리고 이 갈증은 그것의 도덕적 정당성과 함께 그 강렬함을, 관련된 아주 중요하고 인상적인 종류의 효용으로부터 이끌어낸다.

♠ The interest involved is that of security, to every one's feelings the most vital of all interests. All other earthly benefits are needed by one person, not needed by another; and many of them can, if necessary, be cheerfully foregone, or replaced by something else; but security no human being can possibly do without; on it we depend for all our immunity from evil, and for the whole value of all and every good, beyond the passing moment; since nothing but the gratification of the instant could be of any worth to us, if we could be deprived of anything the next instant by whoever was momentarily stronger than ourselves.

여기에 연계된 이익[즉, 효용]은, 누가 느끼기에도 모든 이익 가운데 가장 필수적인 안전의 이익이다. 이 외의 모든 세상의 혜택들은 어떤 사람에게는 필요하지만, 다른 사람에게는 필요하지 않을 수 있다. 그리고 많은 그러한 혜택들은 필요에 의해 기꺼이 포기되거나 다른 것으로 대체될 수 있다. 그러나 어느 누구도 안전 없이 살 수는 없을 것이다. 지나가는 짧은 기간을 넘어서서 [장기적으로] 악을 우리가 모두 면할 수 있도록, 그리고 모든 선의 전체 가치를 지키기 위해, 우리는 안전에 의지하게 된다. 왜냐하면, 일시적으로 우리보다 강한 누군가에 의해서 바로 다음 순간 우리가 어떤 것이라도 빼앗길 수 있다면, 잠시의 만족 외에는 우리에게 돌아올 가치 있는 것은 없을 것이기 때문이다.

Now this most indispensable of all necessaries, after physical nutriment, cannot be had, unless the machinery for providing it is kept unintermittedly in active play. Our notion, therefore, of the claim we have on our fellow-creatures to join in making safe for us the very groundwork of our existence, gathers feelings around it so much more intense than those concerned in any of the more common cases of utility, that the difference in degree (as is often the case in psychology) becomes a real difference in kind.

그렇다면 먹을 양식 다음으로 모든 필요들 가운데 가장 불가결한 이것은, 이를 제공하는 기계가 중단 없이 활발히 작동하지 않는 한, 확보될 수 없다. 따라서, 우리 존재의 토대 자체를 우리를 위해서 안전하게 만드는 데 동참하라고 요구할 수 있는, 우리가 동료 인간들에 가지는 청구권의 개념은, 더 일반적인 효용의 사례들에서 나타나는 감정들보다 훨씬 더 강렬한 감정을 불러일으킴으로써, 정도의 차이가 (인간 심리에서 종종 나타나듯이) 실제 질적인 차이가 되어 버리는 것이다.

♠ The claim assumes that character of absoluteness, that apparent infinity, and incommensurability with all other considerations, which constitute the distinction between the feeling of right and wrong and that of ordinary expediency and inexpediency. The feelings concerned are so powerful, and we count so positively on finding a responsive feeling in others (all being alike interested), that *ought* and *should* grow into *must*, and recognised indispensability becomes a moral necessity, analogous to physical, and often not inferior to it in binding force.

그 청구권은, 절대성, 분명한 무한성, 그리고 (선악의 감정과 보통의 편의/비편의의 감정 사이의 차이를 만드는 모든 고려 사항들과의 대비를 불가능하게 하는) 비교 불가성의 성격을 띠게 된다. 관련된 감정들은 너무나 강력하고, 그리고 다른 사람들에게서 (그들도 모두 마찬가지로 관심을 가지게 될 것이기에) 호응하는 감정을 발견하리라는 것을 우리는 너무나 확신하기 때문에, '마땅히 그래야 한다'(ought)거나 '그리 될 것이다'(should)가 '그래야만 한다'(must)로 발전하고, [편의적으로] 인정된 필요가, 물리적 필연성과 유사한, 그리고 그 구속력에 있어서 흔히 물리적 필연성에 비해 약하지 않은, 하나의 도덕적 요구가 되는 것이다.

If the preceding analysis, or something resembling it, be not the correct account of the notion of justice; if justice be totally independent of utility, and be a standard *per se*, which the mind can recognise by simple introspection of itself; it is hard to understand why that internal oracle is so ambiguous, and why so many things appear either just or unjust, according to the light in which they are regarded.

만일 지금까지의 분석 또는 이와 유사한 서술이 정의의 개념에 대한 올바른 설명이 아니라면, 만일 정의는 효용과 완전히 독립적이며, 마음이 단순하게 자기 안을 들여다 보면 알아볼 수 있는, 그 자체로서 하나의 기준이라면, 그러한 내적인 신탁은 왜 그리도 애매한지, 그리고 왜 그렇게 많은 일들이 어떻게 비추어지느냐에 따라 정의롭게도 또는 불의하게도 보이는지 이해하기 힘들게 된다.

We are continually informed that Utility is an uncertain standard, which every different person interprets differently, and that there is no safety but in the immutable, ineffaceable, and unmistakable dictates of justice, which carry their evidence in themselves, and are independent of the fluctuations of opinion.

효용은 사람마다 다르게 해석하는 불확실한 기준이라고, 그 자체로서 자명하며 여론의 오르내림과 무관한, 변치 않고 지울 수 없으며 오류가 없는 정의의 명령들만이 안전하다는 말을 우리는 끊임없이 듣는다.

One would suppose from this that on questions of justice there could be no controversy; that if we take that for our rule, its application to any given case could leave us in as little doubt as a mathematical demonstration. So far is this from being the fact, that there is as much difference of opinion, and as much discussion, about what is just, as about what is useful to society.

이러한 논리에 따른다면, 정의의 문제에는 논란이 있을 수 없으며, 정의를 우리의 기준으로 채택하면 어떤 사안에 대해서 적용하더라도 수학적 입증에 가까운 확신을 갖게 될 것이라고 생각할 것이다. 이는 사실과 전혀 달라서, 무엇이 사회에 유용한가에 대해서와 마찬가지로, 무엇이 정의로운가에 대해서도 많은 의견 차이와 많은 논란이 존재한다.

♠ Not only have different nations and individuals different notions of justice, but in the mind of one and the same individual, justice is not some one rule, principle, or maxim, but many, which do not always coincide in their dictates, and in choosing between which, he is guided either by some extraneous standard, or by his own personal predilections.

다른 민족들과 다른 개인들만 서로 다른 정의의 개념을 가지고 있는 것이 아니라, 동일한 한 개인의 마음에도 정의는 어떤 하나의 규칙, 원칙, 또는 격언이 아니라 여럿이다. 그 여럿은 그들의 명령에 있어서 항상 일치하지도 않고, 그들 사이에 어떤 것을 선택할 때에는 그는 다른 관계없는 기준이나 자신의 개인적 취향에 의해서 인도된다.

For instance, there are some who say, that it is unjust to punish any one for the sake of example to others; that punishment is just, only when intended for the good of the sufferer himself. Others maintain the extreme reverse, contending that to punish persons who have attained years of discretion, for their own benefit, is despotism and injustice, since if the matter at issue is solely their own good, no one has a right to control their own judgment of it; but that they may justly be punished to prevent evil to others, this being the exercise of the legitimate right of self-defence.

예를 들어, 어떤 사람을 다른 사람들의 본보기로서 처벌하는 것은 정의롭지 못하며, 처벌은 처벌을 받는 당사자의 선을 위한 목적일 때만 정당하다고 주장하는 사람들이 있다. 다른 사람들은 그와 정반대를 주장하는데, 상당 기간 동안 자기 재량권을 가졌던 사람들을, 그 사람들의 선을 위해서 처벌하는 것은, 만일 해당 사안이 오직 그들 자신의 선에 국한된 것이라면 그들 자신의 판단을 통제할 권리는 아무에게도 없으므로, 폭정이며 불의라고 주장한다. 대신 그들은 다른 사람들에게 미치는 악을 방지할 목적으로 정당하게 처벌될 수 있는데, 이는 자기 방어를 위한 합법적 권리의 행사이기 때문이다.

Mr. Owen, again, affirms that it is unjust to punish at all; for the criminal did not make his own character; his education, and the circumstances which surrounded him, have made him a criminal, and for these he is not responsible. All these opinions are extremely plausible; and so long as the question is argued as one of justice simply, without going down to the principles which lie under justice and are the source of its authority, I am unable to see how any of these reasoners can be refuted. For in truth every one of the three builds upon rules of justice confessedly true.

또 한편, 오웬 씨는 어떤 처벌도 정의롭지 못하다고 못을 박는다. 범죄자는 자신의 성격을 스스로 만든 것이 아니며, 그의 교육과 그가 처했던 상황들이 그를 범죄자로 만들었고, 그는 이들[그의 교육, 상황들]에 대해서 책임이 없기 때문이라는 것이다. 모든 이런 의견들은 매우 그럴듯해 보인다. 그리고 정의의 기저에 깔려 있으며 그 권위의 원천이 되는 원칙들까지 다루지 않고 단순히 정의의 하나로서 이 문제가 논의되는 한, 이러한 주장들이 어떻게 반박될 수 있을지 나는 알지 못한다. 왜냐하면 이 세 가지 주장 모두 분명히 사실인 정의의 규칙들에 근거하고 있기 때문이다.

The first appeals to the acknowledged injustice of singling out an individual, and making a sacrifice, without his consent, for other people's benefit. The second relies on the acknowledged justice of self-defence, and the admitted injustice of forcing one person to conform to another's notions of what constitutes his good.

첫 번째 주장은 당사자의 동의 없이 다른 사람들의 이익을 위해서, 한 개인을 선정하여 희생물을 만드는 것은 누가 보더라도 불의라는 사실에 호소한다. 두 번째는 자기 방어라는 역시 인정된 정의에, 그리고 한 사람을 어떤 것이 그의 이익이라는 다른 사람들의 생각에 순응하도록 강요하는 것은 불의라는 인정된 사실에 의존한다.

The Owenite invokes the admitted principle, that it is unjust to punish any one for what he cannot help. Each is triumphant so long as he is not compelled to take into consideration any other maxims of justice than the one he has selected; but as soon as their several maxims are brought face to face, each disputant seems to have exactly as much to say for himself as the others. No one of them can carry out his own notion of justice without trampling upon another equally binding.

오웬의 견해를 따르는 사람은, 어떤 사람도 그가 어쩔 수 없는 것에 대해서 처벌받는 것은 부당하다는 인정되는 원칙에 기초한다. 각각 선택된 정의의 원칙과는 다른 원칙들을 고려하지 않아도 되는 한, 세 견해는 모두 옳다고 할 수밖에 없다. 그러나 그들의 서로 다른 여러 원칙들이 마주하게 되면, 세 견해의 주장자들은 각각 다른 사람들과 마찬가지로 자기의 주장에 대해서 할 말이 동일하게 많아 보인다. 동일하게 구속력이 있는 다른 정의의 개념을 짓밟지 않고는, 그중 누구도 그 자신의 정의의 개념을 실행할 수 없다.

These are difficulties; they have always been felt to be such; and many devices have been invented to turn rather than to overcome them. As a refuge from the last of the three, men imagined what they called the freedom of the will; fancying that they could not justify punishing a man whose will is in a thoroughly hateful state, unless it be supposed to have come into that state through no influence of anterior circumstances.

이는 어려움이 아닐 수 없고, 항상 어려운 문제로 인식되어 왔다. 그리고 그 어려움을 극복하기보다는 회피하기 위해 여러 장치들이 고안되었다. 위의 세 번째 견해로부터의 한 도피처로, 사람들은 자유 의지라고 부르는 것을 생각해 냈다. 어떤 사람의 의지가 철저히 혐오스러운 상태에 있는 사람을 처벌하는 것이, 선행한 상황들의 영향 없이 그런 상태에 도달한 것이 아니라면 [즉, 자유 의지와 관계없이, 선행한 상황들의 영향 때문에 그런 상태에 도달한 것이라면] 정당화될 수 없다고 생각한 것이다.

To escape from the other difficulties, a favourite contrivance has been the fiction of a contract, whereby at some unknown period all the members of society engaged to obey the laws, and consented to be punished for any disobedience to them, thereby giving to their legislators the right, which it is assumed they would not otherwise have had, of punishing them, either for their own good or for that of society.

다른 어려움들로부터 회피하기 위하여, 자주 등장하는 편리한 장치는 계약이라는 허구였다. 이에 따르면, 언제였는지 알 수 없는 어떤 과거 시점에 사회의 모든 구성원들은 법을 지키기로 약속하여, 그 법에 대한 어떤 불복종에 대해서도 처벌 받기로 동의하였고, 그리하여 입법자들에게 자신들을 위해서건 또는 사회를 위해서건 구성원들을 처벌할 수 있는 (그러지 않았다면 입법자들이 가질 수 없었을 것으로 가정되는) 그런 권리를 부여하였다는 것이다.

This happy thought was considered to get rid of the whole difficulty, and to legitimate the infliction of punishment, in virtue of another received maxim of justice, *Volenti non fit injuria*; that is not unjust which is done with the consent of the person who is supposed to be hurt by it. I need hardly remark, that even if the consent were not a mere fiction, this maxim is not superior in authority to the others which it is brought in to supersede.

이런 행복한 생각이 전체 어려움을 제거했다고, 그리고 '동의했으면 피해 없음'이라는, 즉 그것에 의해서 피해를 볼 것으로 생각되는 사람의 동의로 행해진 것은 정당하다는, 정의의 또다른 격언 덕분에 처벌의 부과가 정당화되었다고 여겨졌다. 설사 그러한 동의가 허구에 불과한 것이 아니더라도 이 격언이, 대신할 다른 격언들보다 더 큰 권위가 있지 않다는 것을 굳이 지적할 필요가 없을 것이다.

♠ It is, on the contrary, an instructive specimen of the loose and irregular manner in which supposed principles of justice grow up. This particular one evidently came into use as a help to the coarse exigencies of courts of law, which are sometimes obliged to be content with very uncertain presumptions, on account of the greater evils which would often arise from any attempt on their part to cut finer. But even courts of law are not able to adhere consistently to the maxim, for they allow voluntary engagements to be set aside on the ground of fraud, and sometimes on that of mere mistake or misinformation.

오히려 반대로, 이는 이른바 정의의 원칙들이 어떻게 허술하고 변칙적으로 발전되어 왔는가를 잘 보여주는 표본이다. 이 특정한 논리는, 법정이 더 세밀해지려고 시도할 때 종종 발생하곤 하는 더 큰 해악들을 피하기 위해, 때때로 매우 불확실한 가정에 만족해야 하는, 법정의 거칠고 급박한 필요에 도움을 주기 위해서 등장한 것이 명백하다. 그러나 법정조차도 이 격언을 일관되게 고수할 수는 없는데, 법정은 사기를 근거로, 그리고 때때로 단순한 실수 또는 잘못된 정보를 근거로, 자발적인 약속들을 인정하지 않기도 하기 때문이다.

Again, when the legitimacy of inflicting punishment is admitted, how many conflicting conceptions of justice come to light in discussing the proper apportionment of punishments to offences. No rule on the subject recommends itself so strongly to the primitive and spontaneous sentiment of justice, as the *lex talionis*, an eye for an eye and a tooth for a tooth.

또한, 처벌 부과의 정당성이 인정될 때에도, 얼마나 많은 정의의 충돌하는 개념들이 법 위반에 대한 적절한 처벌의 부과를 논의하면서 등장하는가? 이 주제에 관한 어떤 규칙도 '눈에는 눈, 이에는 이'라는 동해(同害) 형법만큼 원시적이고 자발적인 정의의 정서에 대한 강한 설득력을 갖지 못한다.

Though this principle of the Jewish and of the Mahometan law has been generally abandoned in Europe as a practical maxim, there is, I suspect, in most minds, a secret hankering after it; and when retribution accidentally falls on an offender in that precise shape, the general feeling of satisfaction evinced bears witness how natural is the sentiment to which this repayment in kind is acceptable.

유대교와 마호메트교 법의 이 원칙은 실천적인 준칙으로서 유럽에서는 일반적으로 폐기되었지만, 대부분의 사람들 마음에는 이 원칙에 대한 비밀스러운 갈망이 존재한다고 나는 생각한다. 우연히 동일한 형태로 범법자에게 응징이 가해졌을 때, 표현되는 일반의 만족감은 이 동일한 되갚음이 불러일으키는 정서가 얼마나 자연스러운 것인가를 보여준다.

♠ With many, the test of justice in penal infliction is that the punishment should be proportioned to the offence; meaning that it should be exactly measured by the moral guilt of the culprit (whatever be their standard for measuring moral guilt): the consideration, what amount of punishment is necessary to deter from the offence, having nothing to do with the question of justice, in their estimation: while there are others to whom that consideration is all in all; who maintain that it is not just, at least for man, to inflict on a fellow creature, whatever may be his offences, any amount of suffering beyond the least that will suffice to prevent him from repeating, and others from imitating, his misconduct.

많은 이들에게는 처벌 부과에 있어서의 정의의 시금석은 처벌이 범법에 비례해야 한다는, 즉 범죄자의 도덕적 죄과(罪過)에 의해서 (도덕적 죄과 측정을 위한 그들의 기준이 무엇이든) 정확히 측정되어야 한다는 것이다. 어느 정도의 처벌이 범법의 억제를 위해 필요할 것인가라는 고려는, 많은 사람들의 판단에서, 정의의 문제와 상관이 없다. 한편 이러한 고려가 전부인 다른 사람들이 있는데, 그들은 (적어도 사람의 경우) 동료 인간에게, 그의 죄가 무엇이든 그가 죄를 되풀이하지 않도록 하고, 다른 사람들이 그의 비행을 모방하지 않도록 하는 데 필요한 최소한을 넘어서는 처벌의 고통을 부과하는 것은 정의롭지 못하다고 주장한다.

♠ To take another example from a subject already once referred to. In a co-operative industrial association, is it just or not that talent or skill should give a title to superior remuneration? On the negative side of the question it is argued, that whoever does the best he can, deserves equally well, and ought not in justice to be put in a position of inferiority for no fault of his own; that superior abilities have already advantages more than enough, in the admiration they excite, the personal influence they command, and the internal sources of satisfaction attending them, without adding to these a superior share of the world's goods; and that society is bound in justice rather to make compensation to the less favoured, for this unmerited inequality of advantages, than to aggravate it.

이미 한 번 언급한 주제로부터 다른 예를 들어보자. 협력적 산업 조합체에서 재능이나 기량을 가진 사람에게 더 많은 보수를 주는 것이 정당한가 그렇지 않은가? 이 질문에 부정적인 쪽에서는 다음과 같은 주장을 제기할 것이다. 즉, 누구든지 자신의 최선을 다하는 사람은 똑같이 자격이 있으며, 자신의 잘못이 아닌 이유로 [재능이나 기량이 부족한 것은 자기의 잘못이 아니므로] 열등한 지위에 놓이게 해서는 정의상 안 된다는 것이다. 우월한 능력은, 세상의 물질에 대한 더 큰 몫을 더하지 않더라도, 그 능력이 일으키는 칭송, 발휘하는 영향력, 그리고 수반되는 만족의 내적 원천 등에서 이미 충분함을 넘어서는 이점들을 이미 누리고 있다며, 사회는 이 타당하지 않은 이점들의 불공평을 악화시키기보다는 재능이 못한 사람들에게 그 불공평에 대해 보상해야 한다는 것이다.

On the contrary side it is contended, that society receives more from the more efficient labourer; that his services being more useful, society owes him a larger return for them; that a greater share of the joint result is actually his work, and not to allow his claim to it is a kind of robbery; that if he is only to receive as much as others, he can only be justly required to produce as much, and to give a smaller amount of time and exertion, proportioned to his superior efficiency.

반대편에서는, 사회는 더 효율적인 노동자들로부터 더 많은 것을 얻게 되며, 그의 노동이 더 유용하므로 사회는 그에게 더 큰 보상을 해 주어야 한다고 주장한다. 협력의 결과물이 더 커진 부분은 사실 그가 이룬 것이고, 이에 대한 그의 청구권을 허락하지 않는 것은 일종의 강도라는 것이다. 또한 그가 다른 사람들만큼만 받게 된다면, 다른 이들과 같은 양만 생산하도록, 그래서 그의 우월한 효율성에 비례하여 더 적은 시간과 노력만을 들일 것을 요구하는 것이 정당할 것이라고 주장한다.

Who shall decide between these appeals to conflicting principles of justice? Justice has in this case two sides to it, which it is impossible to bring into harmony, and the two disputants have chosen opposite sides; the one looks to what it is just that the individual should receive, the other to what it is just that the community should give. Each, from his own point of view, is unanswerable; and any choice between them, on grounds of justice, must be perfectly arbitrary. Social utility alone can decide the preference.

충돌하는 정의의 원칙들에 대한 이러한 호소들 사이에서 누가 결정을 내릴 것인가? 이 경우 정의는 두 측면을 가지게 되는데, 그 둘을 조화시키는 것은 불가능하며, 두 논쟁자들은 서로 반대 입장을 취했다. 한 쪽은 무엇을 개인이 받는 것이 정당한가를 보며, 다른 쪽은 무엇을 공동체가 주어야 정당한가를 본다. 각각은 자신의 입장에서 보면 반박의 여지가 없다. 그들 사이의 어떤 선택도 정의를 근거로 하면 완전히 자의적이 될 수밖에 없다. 오직 사회적 효용만이 어떤 것을 선호할 것인지를 결정할 수 있다.

How many, again, and how irreconcilable, are the standards of justice to which reference is made in discussing the repartition of taxation. One opinion is, that payment to the State should be in numerical proportion to pecuniary means. Others think that justice dictates what they term graduated taxation; taking a higher percentage from those who have more to spare.

세금의 부과를 논의함에 있어서 거론되는 정의의 기준들은 얼마나 많으며, 또 얼마나 서로 양립하기가 불가능한가? 하나의 견해는, 국가에 대한 세금은 금전적 수단에 수치적으로 비례하여 이루어져야 한다는 것이다. 또 다른 사람들은 그들이 누진세라고 부르는 방식, 즉 더 여유가 있는 사람들로부터 더 높은 비율을 취하는 방식의 채택을 정의가 요구한다고 생각한다.

In point of natural justice a strong case might be made for disregarding means altogether, and taking the same absolute sum (whenever it could be got) from every one: as the subscribers to a mess, or to a club, all pay the same sum for the same privileges, whether they can all equally afford it or not.

자연적 정의의 관점에서, 수단은 완전히 무시하고 각자로부터 동일한 절대 금액을 (징수할 수 있을 때마다) 징수해야 한다는 주장이 강한 설득력을 지닐 수 있다. 단체 급식이나 클럽의 가입자들처럼 같은 혜택에 대해 동일한 금액을, 그들이 그 금액을 지불할 능력이 동일하든 그렇지 않든, 모두가 지불하는 것이다.

Since the protection (it might be said) of law and government is afforded to, and is equally required by all, there is no injustice in making all buy it at the same price. It is reckoned justice, not injustice, that a dealer should charge to all customers the same price for the same article, not a price varying according to their means of payment.

(예를 들어) 법과 정부의 보호는 모두에게 제공되며, 또 모두에게 동등하게 요구되기 때문에, 그 보호를 동일한 가격에 구입하도록 하는 것은 부당하지 않다고 말할 수도 있다. 상인이 동일한 물건에 대해서, 구입자들의 지불할 능력에 따라 가격을 달리하지 않고, 모든 사람들에게 동일한 가격을 청구하는 것은 불의가 아니라 정의라고 여겨진다.

This doctrine, as applied to taxation, finds no advocates, because it conflicts so strongly with man's feelings of humanity and of social expediency; but the principle of justice which it invokes is as true and as binding as those which can be appealed to against it. Accordingly it exerts a tacit influence on the line of defence employed for other modes of assessing taxation.

이 원칙은 과세에 적용되면 옹호자를 찾을 수 없는데, 이는 인간에 대한, 그리고 사회 편의에 대한 사람의 감정들과 너무나 강하게 충돌하기 때문이다. 그러나 이것이 적용하는 정의의 원칙은 이것을 반대하는 사람들이 호소하는 정의의 원칙들만큼이나 사실이며 구속력이 있는 것이다. 그래서 이는[동일 가격 부과 방식은] 과세 평가의 다른 방식들을 위해 사용되는 방어 전략에 묵시적 영향력을 행사한다.

People feel obliged to argue that the State does more for the rich than for the poor, as a justification for its taking more from them: though this is in reality not true, for the rich would be far better able to protect themselves, in the absence of law or government, than the poor, and indeed would probably be successful in converting the poor into their slaves.

부자로부터 더 많이 징세하는 것을 정당화하기 위해, 국가는 가난한 사람들보다 부자들을 위해 더 많은 일을 하고 있다고 주장해야만 한다고 생각한다. 그러나 이는 현실에 있어 사실이 아니다. 법이나 정부가 부재한 상태에서 가난한 사람들보다 부자들이 자신을 훨씬 더 잘 보호할 수 있을 것이고, 사실 아마도 가난한 사람들을 그들의 노예로 전환시킬 수 있을 것이기 때문이다.

Others, again, so far defer to the same conception of justice, as to maintain that all should pay an equal capitation tax for the protection of their persons (these being of equal value to all), and an unequal tax for the protection of their property, which is unequal. To this others reply, that the all of one man is as valuable to him as the all of another. From these confusions there is no other mode of extrication than the utilitarian.

또 다른 사람들은 동일한 정의의 개념에 대한 깊은 존중에서, 모든 사람들은 그들의 신체의 (이는 모든 사람에게 동등하게 중요하므로) 보호를 위해 동일한 인두세를 지불해야 하고, 그들의 재산의 (이는 서로 다르므로) 보호를 위해서는 차별적인 세금을 지불해야 한다고 주장한다. 이러한 주장에 대해서 다른 사람들은 한 사람의 모든 것은 그에게 다른 사람의 모두와 마찬가지로 소중하다고 반박한다. 이러한 혼란으로부터 벗어나기 위한 방법은 공리주의밖에 없다.

♠ Is, then the difference between the just and the Expedient a merely imaginary distinction? Have mankind been under a delusion in thinking that justice is a more sacred thing than policy, and that the latter ought only to be listened to after the former has been satisfied? By no means. The exposition we have given of the nature and origin of the sentiment, recognises a real distinction; and no one of those who profess the most sublime contempt for the consequences of actions as an element in their morality, attaches more importance to the distinction than I do.

그렇다면 정의와 편의의 차이는 단순히 허구적인 상상의 구분인가? 정의는 정책보다 성스러운 것이라고, 그래서 정의가 충족된 후에는 정책을 그저 듣기만 하면 되는 것이라고 생각하는 착각 속에 살아 온 것인가? 절대 그렇지 않다. 정서의 성격과 기원에 대한 우리의 설명은 실질적 차이를 인정한다. 행위의 결과가 그 행위의 도덕성의 한 요소라는 생각에 대해 가장 극단적인 경멸을 공언하는 어떤 사람들보다도, 나는 이 구분의 차이에 더 큰 중요성을 부여한다.

♠ While I dispute the pretensions of any theory which sets up an imaginary standard of justice not grounded on utility, I account the justice which is grounded on utility to be the chief part, and incomparably the most sacred and binding part, of all morality. Justice is a name for certain classes of moral rules, which concern the essentials of human well-being more nearly, and are therefore of more absolute obligation, than any other rules for the guidance of life; and the notion which we have found to be of the essence of the idea of justice, that of a right residing in an individual implies and testifies to this more binding obligation.

효용에 근거를 두지 않는 상상의 정의 기준을 구축하는 이론의 가식들을 논박하면서도, 나는 효용에 기반을 둔 정의는 모든 도덕성의 주된 부분이며, 비교가 불가할 정도로 가장 성스럽고 가장 큰 구속력을 가지는 부분이라고 생각한다. 정의는, 인간 복지의 필수 요소들과 더욱 가깝게 연계된, 그리하여 삶의 지침을 위한 다른 규칙들보다 더 절대적인 준수 의무가 있는 특정한 부류의 도덕 규칙들을 위한 명칭이다. 그리고 정의의 개념에 핵심이라고 우리가 발견한 개념, 즉 개인에게 상존하는 하나의 권리라는 개념은 이 더 큰 구속력 있는 의무를 함의하며 증거한다.

♠ The moral rules which forbid mankind to hurt one another (in which we must never forget to include wrongful interference with each other's freedom) are more vital to human well-being than any maxims, however important, which only point out the best mode of managing some department of human affairs. They have also the peculiarity, that they are the main element in determining the whole of the social feelings of mankind.

다른 사람을 해치는 것을 금하는 도덕 규칙들은 (다른 사람의 자유에 대한 부당한 간섭도 그것들에 포함해야 한다는 것을 잊지 말아야 하는데), 인간사의 어떤 한 부분을 관리하는 가장 좋은 방식을 제시할 뿐인 다른 규칙들보다 (그 규칙들이 아무리 중요한 것이라 하더라도) 인간 복지에 더 필수적이다. 그 규칙들은 인류의 사회적 감정들 전체를 결정하는 주요 요소라는 점에서 또한 독특하다.

♠ It is their observance which alone preserves peace among human beings: if obedience to them were not the rule, and disobedience the exception, every one would see in every one else an enemy, against whom he must be perpetually guarding himself. What is hardly less important, these are the precepts which mankind have the strongest and the most direct inducements for impressing upon one another.

인간 사이의 평화를 홀로 유지하는 것은 이러한 규칙들의 준수다. 만일 그 규칙들에 대한 복종이 원칙이 아니고, 불복종은 예외가 아니라면, 모든 이들은 다른 모든 이들을, 그들로부터 끊임없이 자신을 방어해야 하는 적으로 간주할 것이다. 마찬가지로 중요하게, 이들은 인류가 서로에게 강조해야 할 가장 강력하고 가장 직접적인 유인이 있는 그런 수칙들이다. [precepts는 impressing의 목적어다.]

♠ By merely giving to each other prudential instruction or exhortation, they may gain, or think they gain, nothing: in inculcating on each other the duty of positive beneficence they have an unmistakable interest, but far less in degree: a person may possibly not need the benefits of others; but he always needs that they should not do him hurt.

다른 사람에게 신중한 가르침이나 훈계를 주는 것으로는 그들은 아무 것도 얻지 못할 수 있고, 또는 얻지 못한다고 생각한다. 서로에게 적극적인 선행의 의무를 심어주는 것은 그들에게 틀림없이 이익이 되지만, 그 정도에 있어서는 훨씬 작은 이익이다. 사람은 다른 사람들이 주는 혜택을 필요로 하지 않을 수 있다. 그러나 다른 사람들이 그를 해치지 않을 것을 그는 항상 필요로 한다.

Thus the moralities which protect every individual from being harmed by others, either directly or by being hindered in his freedom of pursuing his own good, are at once those which he himself has most at heart, and those which he has the strongest interest in publishing and enforcing by word and deed. It is by a person's observance of these that his fitness to exist as one of the fellowship of human beings is tested and decided; for on that depends his being a nuisance or not to those with whom he is in contact.

따라서 모든 개인이 다른 사람들에 의해서 직접적으로, 또는 자신의 선을 추구할 그의 자유에 있어 방해를 받음으로써 해를 입는 것으로부터 그 개인을 보호하는 도덕률들은, 동시에 그 자신이 가장 염두에 두는 것들이고, 그가 글을 써서 표현하고 행동으로 강제함에 있어 가장 큰 관심을 갖는 것들이다. 어떤 사람이 이 도덕률들을 어떻게 준수하는가에 의해, 인간 집단의 한 구성원으로서의 자신의 존재의 적합성이 시험되고 결정되는데, 자신과 접촉하는 다른 사람들에게 성가신 존재가 되는가 여부는 그것[도덕률들의 준수]에 달려 있기 때문이다.

♠ Now it is these moralities primarily which compose the obligations of justice. The most marked cases of injustice, and those which give the tone to the feeling of repugnance which characterises the sentiment, are acts of wrongful aggression, or wrongful exercise of power over some one; the next are those which consist in wrongfully withholding from him something which is his due; in both cases, inflicting on him a positive hurt, either in the form of direct suffering, or of the privation of some good which he had reasonable ground, either of a physical or of a social kind, for counting upon.

정의의 의무들을 구성하는 것은 주로 바로 이러한 도덕률들이다. 가장 뚜렷한 불의의 사례들과, 그 정서를 특징짓는 혐오의 감정에 색조를 부여하는 사례들은, 부당한 공격의 행위들, 또는 어떤 사람에 대한 부당한 힘의 행사의 행위들이다. 그 다음으로 그로부터 그의 몫인 어떤 것을 부당하게 빼앗는 경우다. 두 경우 모두, 직접적 고통의 형태로, 또는 그가 물리적 또는 사회적으로 의지할 합당한 근거를 갖는 어떤 선을 빼앗는 형태로 그에게 분명한 해악을 끼친다.

The same powerful motives which command the observance of these primary moralities, enjoin the punishment of those who violate them; and as the impulses of self-defence, of defence of others, and of vengeance, are all called forth against such persons, retribution, or evil for evil, becomes closely connected with the sentiment of justice, and is universally included in the idea.

이러한 주요 도덕률들의 준수를 명령하는 동일한 강력한 동기들은 그 도덕률들을 위반하는 사람들에 대한 응징을 요구한다. 자기 방어의, 타인 방어의, 그리고 복수의 충동들이 모두 그런 사람들을 향해 일어나면서, 응징, 또는 악에는 악이라는 수칙이 정의의 정서와 밀접하게 연결되며, 보편적으로 그 [정의의] 개념에 포함되게 된다.

♠ Good for good is also one of the dictates of justice; and this, though its social utility is evident, and though it carries with it a natural human feeling, has not at first sight that obvious connection with hurt or injury, which, existing in the most elementary cases of just and unjust, is the source of the characteristic intensity of the sentiment. But the connection, though less obvious, is not less real.

'선에는 선'도 역시 정의의 명령 가운데 하나다. 그리고 그 사회적 효용이 분명함에도 불구하고, 그리고 자연스러운 인간 감정을 수반함에도 불구하고, 가장 기초적인 정의와 불의의 사례들에 존재하여 그런 정서의 특징적인 강렬함의 원천이 되는, 아픔 또는 상처와의 분명한 연계가 이것['선에는 선'이라는 명령]에서는 첫눈에 발견되지 않는다. 그러나 그 연계는 덜 분명하더라도 덜 실재적이지 않다.

♠ He who accepts benefits, and denies a return of them when needed, inflicts a real hurt, by disappointing one of the most natural and reasonable of expectations, and one which he must at least tacitly have encouraged, otherwise the benefits would seldom have been conferred. The important rank, among human evils and wrongs, of the disappointment of expectation, is shown in the fact that it constitutes the principal criminality of two such highly immoral acts as a breach of friendship and a breach of promise.

혜택을 받고는 그 혜택의 보답이 필요할 때 거부하는 사람은, 가장 자연스럽고 타당한 기대이며, 그가 적어도 암묵적으로 [보답을 예상하게끔] 일으켰을 (그렇지 않았다면 그 혜택은 애초에 주어지지 않았을 것이기에) 기대를 저버림으로써 실제적인 아픔을 입힌 것이다. 인간의 악과 부당함 가운데 기대의 저버림이 차지하는 중요한 위치는, 그것이 우정의 배신과 약속의 위반과 같은 아주 비도덕적인 행위의 주된 범죄성을 구성한다는 사실에서 잘 나타난다.

Few hurts which human beings can sustain are greater, and none wound more, than when that on which they habitually and with full assurance relied, fails them in the hour of need; and few wrongs are greater than this mere withholding of good; none excite more resentment, either in the person suffering, or in a sympathising spectator.

사람들이 습관적으로 그리고 확신하며 의존했던 것이 필요한 순간에 그들을 저버리는 때보다, 사람이 겪을 수 있는 아픔이 더 큰 경우는 드물며, 더 큰 상처를 주는 것은 없다. 그리고 이러한 단순한 선의 거부보다 더 큰 부당함은 드물며, 고통 받는 사람에게서나 동정하는 제삼자에게서 더 큰 분노를 일으키는 것은 없다.

The principle, therefore, of giving to each what they deserve, that is, good for good as well as evil for evil, is not only included within the idea of justice as we have defined it, but is a proper object of that intensity of sentiment, which places the just, in human estimation, above the simply Expedient.

따라서 각자에게 그들이 받을 만한 것을 준다는 원칙, 즉 선에는 선, 악에는 악이라는 원칙은 우리가 규정했던 정의의 개념에 포함될 뿐만 아니라, 사람들의 평가에서 정의를 단순한 편의보다 위에 자리 잡게 하는, 강렬한 정서의 적절한 대상인 것이다.

♠ Most of the maxims of justice current in the world, and commonly appealed to in its transactions, are simply instrumental to carrying into effect the principles of justice which we have now spoken of. That a person is only responsible for what he has done voluntarily, or could voluntarily have avoided; that it is unjust to condemn any person unheard; that the punishment ought to be proportioned to the offence, and the like, are maxims intended to prevent the just principle of evil for evil from being perverted to the infliction of evil without that justification.

세상에서 통용되며 세상사에 있어 흔히 적용되는 정의의 격언들의 대부분은 지금 우리가 말하고 있는 정의의 원칙들을 실행하기 위한, 단순히 도구적 역할을 한다. 어떤 사람은 그가 자발적으로 행하였거나 자발적으로 회피할 수 있었던 [그러나 회피하지 않았던] 일에 대해서만 책임이 있다든지, 그 사람의 말은 들어보지도 않고 규탄하는 것은 정의롭지 않다든지, 처벌은 범법에 비례해야 한다 등의 격언들은, 악에는 악이라는 정의로운 원칙이 그런 정당성 없이 악을 가하도록 왜곡되지 않게 방지하기 위한 것들이다.

♠ The greater part of these common maxims have come into use from the practice of courts of justice, which have been naturally led to a more complete recognition and elaboration than was likely to suggest itself to others, of the rules necessary to enable them to fulfil their double function, of inflicting punishment when due, and of awarding to each person his right.

이러한 널리 알려진 격언들 중 다수는 법정에서의 적용을 시작으로 사용되게 되었고, 필요시 처벌을 가하고 각 사람에게 그의 권리를 부여하는 그들[법정]의 이중의 기능을 충족시키기 위해서 필요한 규칙들의 ([법을 적용하는 사람들 외의] 다른 사람들이 보통 받아들였을 정도보다) 더 완전한 인정과 정교화로 법정은 자연스럽게 인도되었다. [역자는, 여기에서 itself는 a recognition and elaboration을 지칭하는 것으로 이해하였다.]

That first of judicial virtues, impartiality, is an obligation of justice, partly for the reason last mentioned; as being a necessary condition of the fulfilment of the other obligations of justice. But this is not the only source of the exalted rank, among human obligations, of those maxims of equality and impartiality, which, both in popular estimation and in that of the most enlightened, are included among the precepts of justice. In one point of view, they may be considered as corollaries from the principles already laid down.

사법적 미덕들 가운데 첫째인 불편부당은 정의의 의무인데, 바로 앞에서 언급되었던 사실을 부분적인 이유로 하여, 즉 정의의 다른 의무들을 완수하기 위한 필요 조건이 된다는 점에서 그러하다. 그러나 이것만이 평등과 불편부당과 관련된 그러한 규율들이, 인간의 다른 의무들 중에서 높은 위치를 차지하게 된 유일한 이유는 아니다. (한편, 평등과 불편부당의 규율들은 대중의 판단이나 가장 현명한 사람들의 판단 모두에서 정의의 계율들 가운데 포함된다.) 어떤 관점에서는 그들은 이미 설파된 원칙들로부터 [당연히 추론되는] 보조 원칙들로 간주될 수도 있다.

♠ If it is a duty to do to each according to his deserts, returning good for good as well as repressing evil by evil, it necessarily follows that we should treat all equally well (when no higher duty forbids) who have deserved equally well of *us*, and that society should treat all equally well who have deserved equally well of *it*, that is, who have deserved equally well absolutely. This is the highest abstract standard of social and distributive justice; towards which all institutions, and the efforts of all virtuous citizens, should be made in the utmost possible degree to converge.

각자의 응당한 몫에 따라 대접하는 것, 즉 선에는 선을 베풀고, 악에는 악으로 억압하는 것이 하나의 의무라고 한다면, (다른 더 상위의 의무가 금지하지 않는 한) 우리는, 우리로부터 공평하게 잘 대접받을 만한 사람들을 공평하게 잘 대접해야 한다는 필연적 결론이 따라온다. 또한 사회는 사회로부터 공평하게 잘 대접받을 만한, 즉 절대적으로 공평하게 잘 대접받을 만한 사람들을 공평하게 잘 대접해야 한다. 이것이 사회적 그리고 분배적 정의의 가장 상위에 있는 추상적 기준이며, 이를 목표로 모든 제도와 모든 선한 시민들의 노력이 가능한 최고의 수준으로 수렴되도록 해야 한다.

But this great moral duty rests upon a still deeper foundation, being a direct emanation from the first principle of morals, and not a mere logical corollary from secondary or derivative doctrines. It is involved in the very meaning of Utility, or the Greatest Happiness Principle. That principle is a mere form of words without rational signification, unless one person's happiness, supposed equal in degree (with the proper allowance made for kind), is counted for exactly as much as another's.

그러나 이 위대한 도덕적 의무 역시 더 깊은 기초 위에 서 있다. 이는 도덕의 첫째 원칙으로부터 직접 나온 것으로, 부수적인 또는 파생된 신조들로부터 도출되는 단순한 논리적 추론이 아니다. 이는 효용, 또는 최대 행복의 원칙의 의미 자체와 연관된다. 한 사람의 행복은, 정도에 있어서 (종류의 다름에 대해서는 적절한 고려를 하면서) 동일하게 생각되는, 다른 사람들의 행복과 정확히 동일하게 중요하지 않다면, 그 원칙은 이성적인 의미가 결여된 단어들의 조합일 뿐이다. [모든 사람들의 행복을 동등하게 취급해야 한다는 것이 공리주의의 기본 원칙이기에, 평등이 그만큼 근본적으로 중요하다는 것을 말하고 있다.]

♠ Those conditions being supplied, Bentham's dictum, "everybody to count for one, nobody for more than one," might be written under the principle of utility as an explanatory commentary.[3] The equal claim of everybody to happiness in the estimation of the moralist and the legislator, involves an equal claim to all the means of happiness, except in so far as the inevitable conditions of human life, and the general interest, in which that of every individual is included, set limits to the maxim; and those limits ought to be strictly construed.

그러한 조건들을 추가함에 있어, "모든 사람 각각은 하나로, 누구도 하나보다 많지 않게"라는 벤담의 격언은 효용의 원칙 아래에 하나의 해설로 기록될 만하다. 도덕론자와 입법자의 판단에 있어 모든 이의 행복에 대한 동등한 청구권은, 인간 삶의 어쩔 수 없는 조건들과 (각 개인의 이해가 포함되는) 공공의 이익이 이 규율에 한계를 설정하는 경우를 제외하고는, 행복의 모든 수단들에 대한 동등한 청구권을 수반한다. 그리고 그 한계는 엄격하게 해석되어야 한다.

As every other maxim of justice, so this is by no means applied or held applicable universally; on the contrary, as I have already remarked, it bends to every person's ideas of social expediency. But in whatever case it is deemed applicable at all, it is held to be the dictate of justice. All persons are deemed to have a *right* to equality of treatment, except when some recognised social expediency requires the reverse.

정의의 모든 다른 금언들과 마찬가지로, 이것 역시 결코 보편적으로 적용되지도, 또 보편적으로 적용될 수 있다고 주장되지도 않는다. 그와 반대로 이미 언급된 것처럼 이는 모든 사람들의 사회적 편의에 대한 생각에 맞추어 변형된다. 그러나 이것이 어찌되었든 적용될 수 있다고 생각되는 여하한 사례에서도 이는 정의의 명령이라고 말할 수 있다. 모든 사람들은, 어떤 인정된 사회적 편의가 그 반대를 요구하는 경우를 제외하고는, 동등한 대접을 받을 권리가 있는 것으로 여겨진다.

♠ And hence all social inequalities which have ceased to be considered expedient, assume the character not of simple inexpediency, but of injustice, and appear so tyrannical, that people are apt to wonder how they ever could have been tolerated; forgetful that they themselves perhaps tolerate other inequalities under an equally mistaken notion of expediency, the correction of which would make that which they approve seem quite as monstrous as what they have at last learnt to condemn.

그리하여, 더 이상 편의적이라고 간주되지 않는 모든 사회적 불평등은 단순히 편의적이지 않다기보다 정의롭지 않다고 그 성격이 규정되고, 이제는 너무도 폭압적으로 보이기에 사람들은 그러한 불평등이 어떻게 용인될 수 있었는지를 의아해 하기 마련이다. 자기들도 편의에 대한 똑같이 잘못된 개념하에서 다른 불평등을 아마 [지금도] 용인하고 있다는 것을 잊은 채 말이다. 또한 편의에 대한 잘못된 개념을 바로잡게 되면, 그들이 용인하고 있는 것도, 마침내 깨달아 규탄하게 된 것들과 마찬가지로 혐오스럽게 느껴지게 된다.

The entire history of social improvement has been a series of transitions, by which one custom or institution after another, from being a supposed primary necessity of social existence, has passed into the rank of a universally stigmatised injustice and tyranny. So it has been with the distinctions of slaves and freemen, nobles and serfs, patricians and plebeians; and so it will be, and in part already is, with the aristocracies of colour, race, and sex.

사회 발전의 전체 역사는, 어떤 관습이나 제도가 사회의 생존을 위한 주요한 필수조건으로 여겨지다가 차례대로, 보편적으로 낙인 찍힌 불의와 폭압의 반열에 들게 되는 과정의 연속이었다. 노예와 자유인, 영주과 농노, 귀족과 평민의 구분이 그런 과정을 거쳤다. 또한 피부색, 인종, 그리고 성별에 따른 신분제도도 그리 될 것이며, 이미 부분적으로 그리 되고 있다.

It appears from what has been said, that justice is a name for certain moral requirements, which, regarded collectively, stand higher in the scale of social utility, and are therefore of more paramount obligation, than any others; though particular cases may occur in which some other social duty is so important, as to overrule any one of the general maxims of justice.

앞서의 논의에 따라 정의는, 전체적으로 고려될 때 사회적 효용의 기준에서 높은 위치를 차지하는, 그래서 다른 의무들보다 더 중요한 의무가 되는, 특정한 도덕적 요구사항들에 대한 명칭으로 생각된다. 그러나 정의의 일반적 규율들 가운데 어느 하나를 무시해야 할 정도로 다른 사회적 의무가 더 중요한 특별한 사안이 나타날 수도 있다.

♠ Thus, to save a life, it may not only be allowable, but a duty, to steal, or take by force, the necessary food or medicine, or to kidnap, and compel to officiate, the only qualified medical practitioner. In such cases, as we do not call anything justice which is not a virtue, we usually say, not that justice must give way to some other moral principle, but that what is just in ordinary cases is, by reason of that other principle, not just in the particular case. By this useful accommodation of language, the character of indefeasibility attributed to justice is kept up, and we are saved from the necessity of maintaining that there can be laudable injustice.

그래서 생명을 구하기 위해 필요한 음식이나 약품을 훔치거나 강제로 빼앗고, 치료할 수 있는 유일한 의사를 납치해서 진찰을 강제하는 것은 용인될 뿐만 아니라 의무가 될 수도 있다. 이러한 경우에는, 미덕이 아닌 것을 정의라고 부르지 않기에, 우리는 대개 정의가 다른 도덕 원칙을 위해 포기되어야 한다고 말하지 않고, 보통의 경우 정의로운 것이, 다른 원칙을 이유로 해서, 어떤 특별한 경우에는 정의롭지 않다고 말한다. 이와 같은 언어의 유용한 융통성을 이용해서, 정의란 결코 무효화할 수 없다는 특성을 고수하면서, 아울러 칭찬할 만한 불의가 있을 수 있다고 주장할 수밖에 없는 처지에서 벗어나게 된다.

♠ The considerations which have now been adduced resolve, I conceive, the only real difficulty in the utilitarian theory of morals. It has always been evident that all cases of justice are also cases of expediency: the difference is in the peculiar sentiment which attaches to the former, as contradistinguished from the latter. If this characteristic sentiment has been sufficiently accounted for; if there is no necessity to assume for it any peculiarity of origin; if it is simply the natural feeling of resentment, moralised by being made coextensive with the demands of social good; and if this feeling not only does but ought to exist in all the classes of cases to which the idea of justice corresponds; that idea no longer presents itself as a stumbling-block to the utilitarian ethics.

지금 제시된 고려 사항들은 도덕의 공리주의적 이론에 존재하는 유일한 진짜 어려움을 해결한다고 나는 생각한다. 모든 정의의 사례들은 역시 편의의 사례들이라는 것은 언제나 분명했다. 차이점은 편의와 대비되어 구별되는, 정의에 수반되는 특별한 정서에 있다. 이 특징적인 감성이 충분히 설명되었다면, 그 감성이 특별한 기원을 가지고 있다고 가정할 필요가 없다면, 사회적 선의 요구와 동연(同延)하게 [즉, 동일한 시간과 공간에 걸쳐] 형성됨에 따라 도덕화된, 분노의 자연스러운 감정일 뿐이라면, 그리고 이 감정이 정의의 개념에 부합하는 모든 종류의 사례에 존재하며 또 존재해야 함이 마땅하다면, 정의의 개념은 더 이상 공리주의 윤리에 있어 걸림돌이 되지 않을 것이다.

♠ Justice remains the appropriate name for certain social utilities which are vastly more important, and therefore more absolute and imperative, than any others are as a class (though not more so than others may be in particular cases); and which, therefore, ought to be, as well as naturally are, guarded by a sentiment not only different in degree, but also in kind; distinguished from the milder feeling which attaches to the mere idea of promoting human pleasure or convenience, at once by the more definite nature of its commands, and by the sterner character of its sanctions.

정의는 (그렇지 않은 특별한 사례들이 있기는 하지만) 하나의 그룹으로서 다른 효용들보다 훨씬 더 중요한, 따라서 더 절대적이고 더 단호한, 특정한 사회적 효용들에 대한 적절한 이름으로 남게 된다. 그러므로 그 특정한 사회적 효용들은, 정도에 있어서뿐만 아니라, 종류에 있어서도 상이한 (단순히 인간의 즐거움이나 편리함을 도모한다는 개념에 부수되는 보다 가벼운 감정과는, 그 명령의 더 확실한 특성에 의해, 또 동시에 그 제재의 엄격한 성격에 의해 구별되는) 하나의 정서에 의해서 지켜져야 하며, 또한 자연스럽게 실제로 보호되고 있다.

The End

Notes

1. [p. 15] The author of this essay has reason for believing himself to be the first person who brought the word utilitarian into use. He did not invent it, but adopted it from a passing expression in Mr. Galt's *Annals of the Parish*. After using it as a designation for several years, he and others abandoned it from a growing dislike to anything resembling a badge or watchword of sectarian distinction. But as a name for one single opinion, not a set of opinions—to denote the recognition of utility as a standard, not any particular way of applying it— the term supplies a want in the language, and offers, in many cases, a convenient mode of avoiding tiresome circumlocution.

   이 에세이의 저자는 자신이 '공리주의적'이라는 용어를 처음으로 [일반적으로] 사용되게 한 사람이라고 생각하는 이유가 있다. 저자는 이 용어를 새로 만든 것은 아니고, 갈트 씨의 '교구 연보'라는 책에서 지나가는 표현으로 사용한 것을 채택하였다. 수년간 이를 명칭으로서 사용한 후, 저자와 다른 이들은 파벌적 구분의 표식이나 표어가 될 수 있다는 생각이 싫어 이를 포기하였다. 그러나 효용을 적용하는 어떤 특별한 방식이 아니라, 하나의 기준으로서의 효용을 인정함을 나타내는 (여러 의견의 모음이 아닌) 하나의 의견에 대한 명칭으로서, 이 용어는 언어의 결핍을 보충하고, 많은 경우 지루하고 장황한 기술을 피할 수 있는 편리한 방법을 제공한다.

2. [p. 116] See this point enforced and illustrated by Professor Bain, in an admirable chapter (entitled 'The Ethical Emotions, or the Moral Sense'), of the second of the two treatises composing his elaborate and profound work on the Mind.

   이 점이 베인 교수에 의해 어떻게 설득력 있게 강조되고 예시되었는지를, 마음에 대한 정교하고 심오한 그의 연구를 구성하는 두 논문 중 두 번째인 '윤리 감정들, 또는 도덕 지각'이라는 제목의 역작을 참고할 것.

3. [p. 147] This implication, in the first principle of the utilitarian scheme, of perfect impartiality between persons, is regarded by Mr. Herbert

Spencer (in his *Social Statics*) as a disproof of the pretensions of utility to be a sufficient guide to right; since (he says) the principle of utility presupposes the anterior principle, that everybody has an equal right to happiness. It may be more correctly described as supposing that equal amounts of happiness are equally desirable, whether felt by the same or by different persons.

공리주의 체계의 첫째 원칙에서 사람들 사이의 완전한 불편부당의 함의를, 허버트 스펜서 씨는 (그의 저서 '사회 정태학'에서) 올바름의 충분한 안내자라는 효용의 과장된 주장이 틀렸다는 반증이라고 여긴다. 효용의 원칙은 모든 사람이 행복에 대한 동등한 권리를 가졌다는 선행 원칙을 전제로 하기 때문이라고 그는 말한다. [이 소위 선행 원칙은] 동일한 양의 행복은, 같은 한 사람에 의해서 느껴지든 다른 사람들에 의해서 느껴지든, 동일하게 바람직하다고 표현하는 것이 더 옳겠다.

This, however, is not a *pre*-supposition; not a premise needful to support the principle of utility, but the very principle itself; for what is the principle of utility, if it be not that 'happiness' and 'desirable' are synonymous terms? If there is any anterior principle implied, it can be no other than this, that the truths of arithmetic are applicable to the valuation of happiness, as of all other measurable quantities.

그러나 이는 전제 조건이 아니다. 효용의 원칙을 지지하기 위해 필요한 명제가 아니라 그 원칙 자체다. 왜냐하면 행복과 바람직하다는 것이 같은 의미의 용어가 아니라면 효용의 원칙은 무엇이겠는가? 만일 어떤 선행 원칙이 내포되어 있다면, 그것은 다른 모든 측정 가능한 수량에서와 같이 연산의 진리는 행복의 가치 평가에도 적용될 수 있다는 원칙일 것이다.

【Mr. Herbert Spencer, in a private communication on the subject of the preceding Note, objects to being considered an opponent of utilitarianism, and states that he regards happiness as the ultimate end of morality; but deems that end only partially attainable by empirical generalisations from the observed results of conduct, and completely attainable only by deducing, from the laws of life and the conditions of existence, what kinds of action necessarily tend to produce happiness, and what kinds to produce unhappiness.

허버트 스펜서 씨는, 사신에서 앞서 주석의 주제와 관련하여, 공리주의의 반대자로 여겨지는 것을 반대하며, 그는 행복을 도덕의 궁극적 목표로 간주한다고 말한다. 그러면서도, 그는 그 목적이 행위의 관찰된 결과로부터의 실증적 일반화에 의해서는 오직 부분적으로만 성취될 수 있으며, 삶의 법칙들이나 존재의 조건들로부터 어떤 종류의 행위가 필연적으로 행복을 가져오고, 어떤 종류가 불행을 불러오는 경향이 있는지에 대해서 연역함으로써만이 완전하게 성취된다고 여긴다.

What the exception of the word "necessarily," I have no dissent to express from this doctrine; and (omitting that word) I am not aware that any modern advocate of utilitarianism is of a different opinion. Bentham, certainly, to whom in the *Social Statics* Mr. Spencer particularly referred, is, least of all writers, chargeable with unwillingness to deduce the effect of actions on happiness from the laws of human nature and the universal conditions of human life.

"필연적으로"라는 말을 제외하면 나는 이 신조에 반대할 것이 없다. 그리고 (그 말을 제외하면) 현대의 어떤 공리주의의 옹호자도 다른 의견일 것이라 생각하지 않는다. 스펜서 씨가 '사회 정태학'에서 특별히 언급한 벤담도 분명히, 어느 누구보다도, 인간 본성의 법칙들과 인간 삶의 보편적 조건들로부터 행위가 행복에 미치는 영향을 연역하려 하지 않았다고 비판받을 수는 없을 것이다.

The common charge against him is of relying too exclusively upon such deductions, and declining altogether to be bound by the generalisations from specific experience which Mr. Spencer thinks that utilitarians generally confine themselves to. My own opinion (and, as I collect, Mr. Spencer's) is, that in ethics, as in all other branches of scientific study, the consilience of the results of both these processes, each corroborating and verifying the other, is requisite to give to any general proposition the kind and degree of evidence which constitutes scientific proof.

[오히려] 벤담에 대한 흔한 비판은 그가 그러한 추론들에 너무 배타적으로 의존했으며, (스펜서 씨 생각에) 공리주의자들이 일반적으로 자신들을 가둔다는, 특

정한 경험으로부터의 일반화에 묶이기를 전적으로 거부했다는 것이다. 내 자신의 의견은, (그리고, 추측컨대 스펜서 씨의 의견도) 윤리학에서는 과학적 탐구의 모든 다른 분야에서와 같이, (각각이 서로를 확증하고 증명하는) 이 두 과정 모두의 결과들의 일치는, 어떤 일반 명제에 (종류와 정도의 측면에서) 과학적 증명이라 할 수 있을 증거를 제시하는 데 필수적이라는 것이다.】

역자 약력

서울대학교 경제학과 졸업 (1981년)
미국 University of Illinois at Urbana-Champaign 수학 석사
미국 Stanford University 경영학 박사 (재무관리 전공)
현 서강대학교 경영대학 교수
전공 분야: 재무 이론, 파생상품

Utilitarianism 공리주의 – 영한대역 –

2019년 2월 20일 초판 인쇄
2019년 2월 28일 초판 발행

원저자 존 스튜어트 밀
역 자 이정진
발행인 김광범
발행처 도서출판 시대가치
주 소 서울특별시 마포구 토정로 222, 422 – 1호(한국출판콘텐츠센터)
전 화 02)3152-2620
팩 스 02)6442-2621
등 록 2017년 3월 23일 제2018-000088호
이메일 kgb9136@hanmail.net

ISBN 979-11-89607-02-9 03840

정 가 15,000원

이 도서의 국립중앙도서관 출판예정도서목록(CIP)은 서지정보유통지원시스템 홈페이지(http://seoji.nl.go.kr)와 국가자료공동목록시스템(http://www.nl.go.kr/kolisnet)에서 이용하실 수 있습니다. (CIP제어번호: CIP2019005483)